MEJORES RECETAS DE PASTELES 2021

RECETAS SABROSAS DE PASTELES Y GALLETAS

KARLA CARRERAS

Tabla de contenido

Bollos de muesli

Rinde 8 cuñas

100 g / 4 oz / 1 taza de muesli

150 ml / ¼ pt / 2/3 taza de agua

50 g / 2 oz / ¼ taza de mantequilla o margarina

100 g / 4 oz / 1 taza de harina normal (para todo uso) o integral (integral)

10 ml / 2 cucharaditas de polvo de hornear

50 g / 2 oz / 1/3 taza de pasas

1 huevo batido

Remoja el muesli en el agua durante 30 minutos. Frote la mantequilla o margarina en la harina y el polvo de hornear hasta que la mezcla se asemeje a pan rallado, luego agregue las pasas y el muesli empapado y mezcle hasta obtener una masa suave. Forme un redondo de 20 cm / 8 pulgadas y aplánelo sobre una bandeja para hornear engrasada (para galletas). Cortar parcialmente en ocho secciones y untar con huevo batido. Hornee en un horno precalentado a 230 ° C / 450 ° F / marca de gas 8 durante unos 20 minutos hasta que estén doradas.

Scones de naranja y pasas

Hace 12

50 g / 2 oz / ¼ taza de mantequilla o margarina

225 g / 8 oz / 2 tazas de harina común (para todo uso)

2,5 ml / ½ cucharadita de bicarbonato de sodio (bicarbonato de sodio)

100 g / 4 oz / 2/3 taza de pasas

5 ml / 1 cucharadita de cáscara de naranja rallada

60 ml / 4 cucharadas de jugo de naranja

60 ml / 4 cucharadas de leche

Leche para glasear

Frote la mantequilla o la margarina en la harina y el bicarbonato de sodio, luego agregue las pasas y la cáscara de naranja. Incorpora el jugo de naranja y la leche para hacer una masa suave. Estirar sobre una superficie ligeramente enharinada hasta unos 2,5 cm / 1 pulgada de grosor y cortar en rodajas con un cortador de galletas. Coloque los bollos (galletas) en una bandeja para hornear engrasada (para galletas) y cepille la parte superior con leche. Hornee en un horno precalentado a 200 ° C / 400 ° F / marca de gas 6 durante 15 minutos hasta que esté ligeramente dorado.

Bollos de pera

Hace 12

50 g / 2 oz / ¼ taza de mantequilla o margarina

225 g / 8 oz / 2 tazas de harina con levadura (levadura)

25 g / 1 oz / 2 cucharadas de azúcar en polvo (superfina)

1 pera firme, pelada, sin corazón y picada

150 ml / ¼ pt / 2/3 taza de yogur natural

30 ml / 2 cucharadas de leche

Frote la mantequilla o la margarina en la harina. Agregue el azúcar y la pera, luego mezcle el yogur para hacer una masa suave, agregando un poco de leche si es necesario. Estirar sobre una superficie ligeramente enharinada hasta unos 2,5 cm / 1 pulgada de grosor y cortar en rodajas con un cortador de galletas. Coloque los bollos (bizcochos) en una bandeja para hornear engrasada (para galletas) y hornee en un horno precalentado a 230 ° C / 450 ° F / marca de gas 8 durante 10 a 15 minutos hasta que estén bien cocidos y dorados.

Bollos de patata

Hace 12

50 g / 2 oz / ¼ taza de mantequilla o margarina

225 g / 8 oz / 2 tazas de harina con levadura (levadura)

Una pizca de sal

175 g / 6 oz / ¾ taza de puré de papa cocido

60 ml / 4 cucharadas de leche

Frote la mantequilla o la margarina con la harina y la sal. Agregue el puré de papa y suficiente leche para hacer una masa suave. Estirar sobre una superficie ligeramente enharinada hasta unos 2,5 cm / 1 pulgada de grosor y cortar en rodajas con un cortador de galletas. Coloque los bollos (galletas) en una bandeja para hornear (para galletas) ligeramente engrasada y hornee en un horno precalentado a 200 ° C / 400 ° F / marca de gas 6 durante 15 a 20 minutos hasta que estén ligeramente dorados.

Bollos de pasas

Hace 12

75 g / 3 oz / ½ taza de pasas

225 g / 8 oz / 2 tazas de harina común (para todo uso)

2,5 ml / ½ cucharadita de sal

15 ml / 1 cucharada de levadura en polvo

25 g / 1 oz / 2 cucharadas de azúcar en polvo (superfina)

50 g / 2 oz / ¼ taza de mantequilla o margarina

120 ml / 4 fl oz / ½ taza de crema simple (ligera)

1 huevo batido

Remoje las pasas en agua caliente durante 30 minutos y luego escúrralas. Mezcle los ingredientes secos, luego frótelos con la mantequilla o la margarina. Agregue la crema y el huevo para hacer una masa suave. Divida en tres bolas, luego extienda hasta aproximadamente 1 cm / ½ de espesor y colóquelas en una bandeja para hornear engrasada (para galletas). Corta cada uno en cuartos. Hornee los bollos (bizcochos) en un horno precalentado a 230 ° C / 450 ° F / marca de gas 8 durante unos 10 minutos hasta que estén dorados.

Bollos de melaza

Hace 10

225 g / 8 oz / 2 tazas de harina común (para todo uso)

10 ml / 2 cucharaditas de polvo de hornear

2,5 ml / ½ cucharadita de canela molida

50 g / 2 oz / ¼ taza de mantequilla o margarina, cortada en cubitos

25 g / 1 oz / 2 cucharadas de azúcar en polvo (superfina)

30 ml / 2 cucharadas de melaza negra (melaza)

150 ml / ¼ pt / 2/3 taza de leche

Mezcle la harina, el polvo de hornear y la canela. Frote la mantequilla o la margarina, luego agregue el azúcar, la melaza y suficiente leche para hacer una masa suave. Estirar a 1 cm / ½ in de grosor y cortar en 5 cm / 2 en rondas con un cortador de galletas. Coloque los bollos (bizcochos) en una bandeja para hornear engrasada y hornee en un horno precalentado a 220 ° C / 425 ° F / marca de gas 7 durante 10 a 15 minutos hasta que estén bien subidos y dorados.

Scones de melaza y jengibre

Hace 12

400 g / 14 oz / 3½ tazas de harina común (para todo uso)

50 g / 2 oz / ½ taza de harina de arroz

5 ml / 1 cucharadita de bicarbonato de sodio (bicarbonato de sodio)

2,5 ml / ½ cucharadita de crémor tártaro

10 ml / 2 cucharaditas de jengibre molido

2,5 ml / ½ cucharadita de sal

10 ml / 2 cucharaditas de azúcar en polvo (superfina)

50 g / 2 oz / ¼ taza de mantequilla o margarina

30 ml / 2 cucharadas de melaza negra (melaza)

300 ml / ½ pt / 1¼ tazas de leche

Mezcle los ingredientes secos. Frote la mantequilla o la margarina hasta que la mezcla se parezca a pan rallado. Agregue la melaza y suficiente leche para hacer una masa suave pero no pegajosa. Amasar suavemente sobre una superficie ligeramente enharinada, estirar y cortar en rodajas con un cortador de galletas de 7,5 cm / 3 pulgadas. Coloque los bollos (galletas) en una bandeja para hornear engrasada (para galletas) y cepille con la leche restante. Hornee en un horno precalentado a 220 ° C / 425 ° F / marca de gas 7 durante 15 minutos hasta que se eleve y se dore.

Bollos de Sultana

Hace 12

225 g / 8 oz / 2 tazas de harina común (para todo uso)

Una pizca de sal

2,5 ml / ½ cucharadita de bicarbonato de sodio (bicarbonato de sodio)

2,5 ml / ½ cucharadita de crémor tártaro

50 g / 2 oz / ¼ taza de mantequilla o margarina

25 g / 1 oz / 2 cucharadas de azúcar en polvo (superfina)

50 g / 2 oz / 1/3 taza de pasas sultanas (pasas doradas)

7.5 ml / ½ cucharada de jugo de limón

150 ml / ¼ pt / 2/3 taza de leche

Mezcle la harina, la sal, el bicarbonato de sodio y el crémor tártaro. Frote la mantequilla o la margarina hasta que la mezcla se parezca a pan rallado. Agregue el azúcar y las pasas sultanas. Mezcle el jugo de limón con la leche y agregue gradualmente los ingredientes secos hasta obtener una masa suave. Amasar ligeramente, luego extender a aproximadamente 1 cm / ½ pulgada de grosor y cortar en 5 cm / 2 en rondas con un cortador de galletas. Coloque los bollos (bizcochos) en una bandeja para hornear engrasada (para galletas) y hornee en un horno precalentado a 230 ° C / 450 ° F / marca de gas 8 durante aproximadamente 10 minutos hasta que estén bien levantados y dorados.

Scones integrales de melaza

Hace 12

100 g / 4 oz / 1 taza de harina integral (integral)

100 g / 4 oz / 1 taza de harina común (para todo uso)

25 g / 1 oz / 2 cucharadas de azúcar en polvo (superfina)

2,5 ml / ½ cucharadita de crémor tártaro

2,5 ml / ½ cucharadita de bicarbonato de sodio (bicarbonato de sodio)

5 ml / 1 cucharadita de especias mixtas (pastel de manzana)

50 g / 2 oz / ¼ taza de mantequilla o margarina

30 ml / 2 cucharadas de melaza negra (melaza)

100 ml / 3½ fl oz / 6½ cucharadas de leche

Mezcle los ingredientes secos, luego frótelos con la mantequilla o la margarina. Caliente la melaza, luego mézclala con los ingredientes con suficiente leche para hacer una masa suave. Estirar sobre una superficie ligeramente enharinada a 1 cm / ½ de espesor y cortar en rodajas con un cortador de galletas. Coloque los bollos (bizcochos) en una bandeja para hornear (para galletas) engrasada y enharinada y úntelos con leche. Hornee en un horno precalentado a 190 ° C / 375 ° F / marca de gas 5 durante 20 minutos.

Bollos de yogur

Hace 12

200 g / 7 oz / 1¾ tazas de harina común (para todo uso)

25 g / 1 oz / ¼ taza de harina de arroz

10 ml / 2 cucharaditas de polvo de hornear

Una pizca de sal

15 ml / 1 cucharada de azúcar en polvo (superfina)

50 g / 2 oz / ¼ taza de mantequilla o margarina

150 ml / ¼ pt / 2/3 taza de yogur natural

Mezclar las harinas, el polvo de hornear, la sal y el azúcar. Frote la mantequilla o la margarina hasta que la mezcla se parezca a pan rallado. Agregue el yogur para hacer una masa suave pero no pegajosa. Estirar sobre una superficie enharinada hasta aproximadamente 2 cm / ¾ de grosor y cortar en 5 cm / 2 en rondas con un cortador de galletas. Coloque en una bandeja para hornear engrasada (para galletas) y hornee en un horno precalentado a 200 ° C / 400 ° F / marca de gas 6 durante aproximadamente 15 minutos hasta que esté bien levantado y dorado.

bollos de queso

Hace 12

225 g / 8 oz / 2 tazas de harina común (para todo uso)

2,5 ml / ½ cucharadita de sal

15 ml / 1 cucharada de levadura en polvo

50 g / 2 oz / ¼ taza de mantequilla o margarina

100 g / 4 oz / 1 taza de queso cheddar rallado

150 ml / ¼ pt / 2/3 taza de leche

Mezcle la harina, la sal y el polvo de hornear. Frote la mantequilla o la margarina hasta que la mezcla se parezca a pan rallado. Agrega el queso. Mezcle gradualmente la leche para hacer una masa suave. Amasar ligeramente, luego extender a aproximadamente 1 cm / ½ pulgada de grosor y cortar en 5 cm / 2 en rondas con un cortador de galletas. Coloque los bollos (bizcochos) en una bandeja para hornear engrasada (para galletas) y hornee en un horno precalentado a 220 ° C / 425 ° F / marca de gas 7 durante 12 a 15 minutos hasta que estén bien cocidos y dorados por encima. Sirva tibio o frío.

Bollos de Hierbas Integrales

Hace 12

100 g / 4 oz / ½ taza de mantequilla o margarina

175 g / 6 oz / 1¼ tazas de harina integral (integral)

50 g / 2 oz / ½ taza de harina común (para todo uso)

10 ml / 2 cucharaditas de polvo de hornear

30 ml / 2 cucharadas de salvia fresca picada o tomillo

150 ml / ¼ pt / 2/3 taza de leche

Frote la mantequilla o la margarina en las harinas y el polvo de hornear hasta que la mezcla se parezca a pan rallado. Agregue las hierbas y suficiente leche para hacer una masa suave. Amasar ligeramente, luego extender a aproximadamente 1 cm / ½ pulgada de grosor y cortar en 5 cm / 2 en rondas con un cortador de galletas. Coloque los bollos (galletas) en una bandeja para hornear engrasada (para galletas) y cepille la parte superior con leche. Hornee en un horno precalentado a 220 ° C / 425 ° F / marca de gas 7 durante 10 minutos hasta que se eleve y se dore.

Scones de Salami y Queso

Para 4 personas

50 g / 2 oz / ¼ taza de mantequilla o margarina

225 g / 8 oz / 2 tazas de harina con levadura (levadura)

Una pizca de sal

50 g / 2 oz de salami, picado

75 g / 3 oz / ¾ taza de queso cheddar, rallado

75 ml / 5 cucharadas de leche

Frote la mantequilla o la margarina en la harina y la sal hasta que la mezcla se parezca a pan rallado. Agregue el salami y el queso, luego agregue la leche y mezcle hasta obtener una masa suave. Formar una ronda de 20 cm / 8 pulgadas y aplanar ligeramente. Coloque los bollos (galletas) en una bandeja para hornear engrasada (para galletas) y hornee en un horno precalentado a 220 ° C / 425 ° F / marca de gas 7 durante 15 minutos hasta que estén doradas.

Bollos integrales

Hace 12

175 g / 6 oz / 1½ tazas de harina integral (integral)

50 g / 2 oz / ½ taza de harina común (para todo uso)

15 ml / 1 cucharada de levadura en polvo

Una pizca de sal

50 g / 2 oz / ¼ taza de mantequilla o margarina

50 g / 2 oz / ¼ taza de azúcar en polvo (superfina)

150 ml / ¼ pt / 2/3 taza de leche

Mezclar las harinas, el polvo de hornear y la sal. Frote la mantequilla o la margarina hasta que la mezcla se parezca a pan rallado. Agrega el azúcar. Mezcle gradualmente la leche para hacer una masa suave. Amasar ligeramente, luego extender a aproximadamente 1 cm / ½ pulgada de grosor y cortar en 5 cm / 2 en rondas con un cortador de galletas. Coloque los bollos (galletas) en una bandeja para hornear engrasada (para galletas) y hornee en un horno precalentado a 230 ° C / 450 ° F / marca de gas 8 durante aproximadamente 15 minutos hasta que se levanten y se doren. Sirva caliente.

Conkies de Barbados

Hace 12

350 g / 12 oz de calabaza rallada

225 g / 8 oz de camote rallado

1 coco grande, rallado o 225 g / 8 oz 2 tazas de coco desecado (rallado)

350 g / 12 oz / 1½ tazas de azúcar morena suave

5 ml / 1 cucharadita de especias molidas mezcladas (tarta de manzana)

5 ml / 1 cucharadita de nuez moscada rallada

5 ml / 1 cucharadita de sal

5 ml / 1 cucharadita de esencia de almendra (extracto)

100 g / 4 oz / 2/3 taza de pasas

350 g / 12 oz / 3 tazas de harina de maíz

100 g / 4 oz / 1 taza de harina con levadura

175 g / 6 oz / ¾ taza de mantequilla o margarina, derretida

300 ml / ½ pt / 1¼ tazas de leche

Mezcle la calabaza, la batata y el coco. Agregue el azúcar, las especias, la sal y la esencia de almendras. Agregue las pasas, la harina de maíz y la harina y mezcle bien. Mezcle la mantequilla o margarina derretida con la leche y agregue los ingredientes secos hasta que estén bien mezclados. Coloque alrededor de 60 ml / 4 cucharadas de la mezcla en un cuadrado de papel de aluminio, teniendo cuidado de no sobrellenar. Doble el papel de aluminio en un paquete de modo que quede bien envuelto y no quede ninguna mezcla expuesta. Repite con la mezcla restante. Cocine al vapor las conkies en una rejilla sobre una olla con agua hirviendo durante aproximadamente 1 hora hasta que estén firmes y cocidas. Sirva caliente o fría.

Galletas de Navidad fritas

Hace 40

50 g / 2 oz / ¼ taza de mantequilla o margarina

100 g / 4 oz / 1 taza de harina común (para todo uso)

2,5 ml / ½ cucharadita de cardamomo molido

25 g / 1 oz / 2 cucharadas de azúcar en polvo (superfina)

15 ml / 1 cucharada de crema doble (espesa)

5 ml / 1 cucharadita de brandy

1 huevo pequeño, batido

Aceite para freír

Azúcar glas (repostería) para espolvorear

Frote la mantequilla o la margarina en la harina y el cardamomo hasta que la mezcla se parezca a pan rallado. Agregue el azúcar, luego agregue la crema y el brandy y suficiente huevo para hacer una mezcla bastante rígida. Tapar y dejar en un lugar fresco durante 1 hora.

Estirar sobre una superficie ligeramente enharinada a 5 mm / ¼ de espesor y cortar en tiras de 10 x 2,5 cm / 4 x 1 con un cortapastas. Corta una hendidura en el medio de cada tira con un cuchillo afilado. Pasa un extremo de la tira a través de la hendidura para hacer un medio arco. Freír las galletas (galletas) en lotes en aceite caliente durante unos 4 minutos hasta que estén doradas e infladas. Escurrir sobre papel de cocina (toallas de papel) y servir espolvoreado con azúcar glas.

Tortas De Harina De Maíz

Hace 12

100 g / 4 oz / 1 taza de harina con levadura

100 g / 4 oz / 1 taza de harina de maíz

5 ml / 1 cucharadita de levadura en polvo

15 g / ½ oz / 1 cucharada de azúcar en polvo (superfina)

2 huevos

375 ml / 13 fl oz / 1½ tazas de leche

60 ml / 4 cucharadas de aceite

Aceite para freír

Mezcle los ingredientes secos y haga un hueco en el centro. Batir los huevos, la leche y el aceite medido, luego batir con los ingredientes secos. Calentar un poco de aceite en una sartén grande (sartén) y sofreír (saltear) 60 ml / 4 cucharadas de masa hasta que aparezcan burbujas en la parte superior. Dar la vuelta y dorar por el otro lado. Retirar de la sartén y mantener caliente mientras continúa con la masa restante. Sirva caliente.

Bollos

Rinde 8

15 g / ½ oz de levadura fresca o 20 ml / 4 cucharaditas de levadura seca

5 ml / 1 cucharadita de azúcar en polvo (superfina)

300 ml / ½ pt / 1¼ tazas de leche

1 huevo

250 g / 9 oz / 2¼ tazas de harina común (para todo uso)

5 ml / 1 cucharadita de sal

Aceite para engrasar

Mezcle la levadura y el azúcar con un poco de leche hasta obtener una pasta, luego mezcle la leche restante y el huevo. Agregue el líquido a la harina y la sal y mezcle hasta obtener una masa cremosa y espesa. Cubra y deje en un lugar cálido durante 30 minutos hasta que duplique su tamaño. Calentar una plancha o una sartén pesada (sartén) y engrasar ligeramente. Coloque 7,5 cm / 3 en aros para hornear en la plancha. (Si no tiene aros para hornear, corte con cuidado la parte superior e inferior de una lata pequeña). Vierta tazas llenas de la mezcla en los aros y cocine durante unos 5 minutos hasta que la parte inferior esté dorada y la parte superior sin hueso. Repite con la mezcla restante. Sirva tostado.

Rosquillas

Rinde 16

300 ml / ½ pt / 1¼ tazas de leche tibia

15 ml / 1 cucharada de levadura seca

175 g / 6 oz / ¾ taza de azúcar en polvo (superfina)

450 g / 1 lb / 4 tazas de harina común (para pan) fuerte

5 ml / 1 cucharadita de sal

50 g / 2 oz / ¼ taza de mantequilla o margarina

1 huevo batido

Aceite para freír

5 ml / 1 cucharadita de canela molida

Mezcle la leche tibia, la levadura, 5 ml / 1 cucharadita de azúcar y 100 g / 4 oz / 1 taza de harina. Dejar en un lugar cálido durante 20 minutos hasta que esté espumoso. Mezcle la harina restante, 50 g / 2 oz / ¼ de taza de azúcar y la sal en un bol y frote la mantequilla o margarina hasta que la mezcla parezca pan rallado. Mezcle el huevo y la levadura y amase bien hasta obtener una masa suave. Tapar y dejar en un lugar cálido durante 1 hora. Amasar nuevamente y extender a 2 cm / ½ de espesor. Cortar en aros con un cortador de 8 cm / 3 pulgadas y cortar los centros con un cortador de 4 cm / 1½ pulgadas.

Coloque en una bandeja para hornear engrasada (para galletas) y deje reposar durante 20 minutos. Caliente el aceite hasta que esté casi humeante, luego fría las donas unas pocas a la vez durante unos minutos hasta que estén doradas. Escurrir bien. Coloque el azúcar restante y la canela en una bolsa y agite las donas en la bolsa hasta que estén bien cubiertas.

Donuts de patata

Rinde 24

15 ml / 1 cucharada de levadura seca

60 ml / 4 cucharadas de agua tibia

25 g / 1 oz / 2 cucharadas de azúcar en polvo (superfina)

25 g / 1 oz / 2 cucharadas de manteca de cerdo (manteca vegetal)

1,5 ml / ¼ cucharadita de sal

75 g / 3 oz / 1/3 taza de puré de papa

1 huevo batido

120 ml / 4 fl oz / ½ taza de leche, hervida

300 g / 10 oz / 2½ tazas de harina común (para pan) fuerte

Aceite para freír

Azúcar granulada para espolvorear

Disuelva la levadura en el agua tibia con una cucharadita de azúcar y déjela hasta que esté espumosa. Mezclar la manteca de cerdo, el azúcar restante y la sal. Agregue la papa, la mezcla de levadura, el huevo y la leche, luego agregue gradualmente la harina y mezcle hasta obtener una masa suave. Colocar sobre una superficie enharinada y amasar bien. Coloque en un recipiente engrasado, cubra con film transparente (envoltura de plástico) y déjelo en un lugar cálido durante aproximadamente 1 hora hasta que duplique su tamaño.

Amasar nuevamente, luego extender a 1 cm / ½ in de espesor. Corte en anillos con un cortador de 8 cm / 3 pulgadas, luego corte los centros con un cortador de 4 cm / 1½ pulgadas para hacer formas de rosquilla. Dejar reposar hasta que duplique su tamaño. Calentar el aceite y sofreír las donas hasta que estén doradas. Espolvorear con azúcar y dejar enfriar.

Pan naan

Rinde 6

2,5 ml / ½ cucharadita de levadura seca

60 ml / 4 cucharadas de agua tibia

350 g / 12 oz / 3 tazas de harina común (para todo uso)

10 ml / 2 cucharaditas de polvo de hornear

Una pizca de sal

150 ml / ¼ pt / 2/3 taza de yogur natural

Mantequilla derretida para cepillar

Mezcle la levadura y el agua tibia y déjela en un lugar cálido durante 10 minutos hasta que esté espumosa. Mezcle la mezcla de levadura con la harina, el polvo de hornear y la sal, luego agregue el yogur para hacer una masa suave. Amasar hasta que ya no esté pegajoso. Colocar en un bol aceitado, tapar y dejar reposar durante 8 horas.

Dividir la masa en seis trozos y enrollar en óvalos de unos 5 mm / ¼ de espesor. Coloque en una bandeja para hornear engrasada (para galletas) y unte con mantequilla derretida. Ase a la parrilla (asar) en una parrilla mediana (asador) durante unos 5 minutos hasta que esté ligeramente hinchado, luego gire y unte el otro lado con mantequilla y ase durante 3 minutos más hasta que esté ligeramente dorado.

Bannocks de avena

Hace 4

100 g / 4 oz / 1 taza de avena mediana

2,5 ml / ½ cucharadita de sal

Una pizca de bicarbonato de sodio (bicarbonato de sodio)

10 ml / 2 cucharaditas de aceite

60 ml / 4 cucharaditas de agua caliente

Mezclar los ingredientes secos en un bol y hacer un hueco en el centro. Agregue el aceite y suficiente agua para hacer una masa firme. Coloque sobre una superficie ligeramente enharinada y amase hasta que quede suave. Estirar hasta que tenga un grosor de aproximadamente 5 mm / ¼ de pulgada, ordenar los bordes y luego cortar en cuartos. Caliente una plancha o una sartén de base gruesa (sartén) y fría (saltee) los bannocks durante unos 20 minutos hasta que las esquinas comiencen a curvarse. Dar la vuelta y cocinar el otro lado durante 6 minutos.

Lucios

Rinde 8

10 ml / 2 cucharaditas de levadura fresca o 5 ml / 1 cucharadita de levadura seca

5 ml / 1 cucharadita de azúcar en polvo (superfina)

300 ml / ½ pt / 1¼ tazas de leche

1 huevo

225 g / 8 oz / 2 tazas de harina común (para todo uso)

5 ml / 1 cucharadita de sal

Aceite para engrasar

Mezcle la levadura y el azúcar con un poco de leche hasta obtener una pasta, luego mezcle la leche restante y el huevo. Agregue el líquido a la harina y la sal y mezcle hasta obtener una masa fina. Cubra y deje en un lugar cálido durante 30 minutos hasta que duplique su tamaño. Calentar una plancha o una sartén pesada (sartén) y engrasar ligeramente. Vierta tazas llenas de la mezcla en la plancha y cocine durante unos 3 minutos hasta que la parte inferior esté dorada, luego dé vuelta y cocine durante unos 2 minutos por el otro lado. Repite con la mezcla restante.

Bollos Easy Drop

Rinde 15

100 g / 4 oz / 1 taza de harina con levadura

Una pizca de sal

15 ml / 1 cucharada de azúcar en polvo (superfina)

1 huevo

150 ml / ¼ pt / 2/3 taza de leche

Aceite para engrasar

Mezclar la harina, la sal y el azúcar y hacer un hueco en el centro. Agregue el huevo y mezcle gradualmente el huevo y la leche hasta que tenga una masa suave. Calentar una sartén grande (sartén) y engrasar ligeramente. Cuando esté caliente, coloque cucharadas de masa en la sartén para que formen rondas. Cocine durante unos 3 minutos hasta que los bollos (bizcochos) estén inflados y dorados por la parte inferior, luego déles la vuelta y dore el otro lado. Sirva caliente o tibio.

Bollos de arce

Hace 30

200 g / 7 oz / 1¾ tazas de harina con levadura

25 g / 1 oz / ¼ taza de harina de arroz

10 ml / 2 cucharaditas de polvo de hornear

25 g / 1 oz / 2 cucharadas de azúcar en polvo (superfina)

Una pizca de sal

15 ml / 1 cucharada de sirope de arce

1 huevo batido

200 ml / 7 fl oz / escasa 1 taza de leche

Aceite de girasol

50 g / 2 oz / ¼ taza de mantequilla o margarina, ablandada

15 ml / 1 cucharada de nueces finamente picadas

Mezclar las harinas, el polvo de hornear, el azúcar y la sal y hacer un hueco en el centro. Agrega el jarabe de arce, el huevo y la mitad de la leche y bate hasta que quede suave. Agregue la leche restante para hacer una masa espesa. Calentar un poco de aceite en una sartén (sartén), luego verter el exceso. Vierta cucharadas de la masa en la sartén y fría (saltee) hasta que la parte inferior esté dorada. Dar la vuelta y freír los otros lados. Retirar de la sartén y mantener caliente mientras fríe los bollos restantes (galletas). Triture la mantequilla o la margarina con las nueces y cubra los bollos calientes con la mantequilla con sabor para servir.

Bollos a la plancha

Hace 12

225 g / 8 oz / 2 tazas de harina común (para todo uso)

5 ml / 1 cucharadita de bicarbonato de sodio (bicarbonato de sodio)

10 ml / 2 cucharaditas de crémor tártaro

2,5 ml / ½ cucharadita de sal

25 g / 1 oz / 2 cucharadas de manteca de cerdo (manteca vegetal) o mantequilla

25 g / 1 oz / 2 cucharadas de azúcar en polvo (superfina)

150 ml / ¼ pt / 2/3 taza de leche

Aceite para engrasar

Mezclar la harina, el bicarbonato de sodio, el crémor tártaro y la sal. Frote la manteca de cerdo o la mantequilla, luego agregue el azúcar. Mezcle gradualmente la leche hasta obtener una masa suave. Cortar la masa por la mitad y amasar y dar forma a cada uno en una ronda plana de aproximadamente 1 cm / ½ de espesor. Corta cada ronda en seis. Calentar un comal o una sartén grande (sartén) y engrasar ligeramente. Cuando esté caliente, coloque los bollos (bizcochos) en la sartén y cocine por unos 5 minutos hasta que estén dorados en la parte inferior, luego dé la vuelta y cocine por el otro lado. Dejar enfriar sobre una rejilla.

Scones con queso a la plancha

Hace 12

25 g / 1 oz / 2 cucharadas de mantequilla o margarina, ablandada

100 g / 4 oz / ½ taza de requesón

5 ml / 1 cucharadita de cebollino fresco cortado en tiras

2 huevos batidos

40 g / 1½ oz / 1/3 taza de harina común (para todo uso)

15 g / ½ oz / 2 cucharadas de harina de arroz

5 ml / 1 cucharadita de levadura en polvo

15 ml / 1 cucharada de leche

Aceite para engrasar

Batir todos los ingredientes excepto el aceite para hacer una masa espesa. Calentar un poco de aceite en una sartén (sartén), luego escurrir el exceso. Freír (saltear) cucharadas de la mezcla hasta que la parte inferior esté dorada. Dar la vuelta a los bollos (bizcochos) y freír por el otro lado. Retirar de la sartén y mantener caliente mientras fríe los bollos restantes.

Panqueques escoceses especiales

Hace 12

100 g / 4 oz / 1 taza de harina común (para todo uso)

10 ml / 2 cucharaditas de azúcar en polvo (superfina)

5 ml / 1 cucharadita de crémor tártaro

2,5 ml / ½ cucharadita de sal

2,5 ml / ½ cucharadita de bicarbonato de sodio (bicarbonato de sodio)

1 huevo

5 ml / 1 cucharadita de jarabe dorado (maíz ligero)

120 ml / 4 fl oz / ½ taza de leche tibia

Aceite para engrasar

Mezcle los ingredientes secos y haga un hueco en el centro. Batir el huevo con el almíbar y la leche y mezclar con la mezcla de harina hasta obtener una masa muy espesa. Tapar y dejar reposar unos 15 minutos hasta que la mezcla burbujee. Caliente una plancha grande o una sartén de base pesada (sartén) y engrase ligeramente. Deje caer pequeñas cucharadas de la masa en la plancha y cocine por un lado durante aproximadamente 3 minutos hasta que la parte inferior esté dorada, luego dé vuelta y cocine el otro lado durante aproximadamente 2 minutos. Envuelva los panqueques en un paño de cocina tibio (paño de cocina) mientras cocina el resto de la masa. Sirva fresco y untado con mantequilla, tostado o frito (salteado).

Panqueques escoceses de frutas

Hace 12

100 g / 4 oz / 1 taza de harina común (para todo uso)

10 ml / 2 cucharaditas de azúcar en polvo (superfina)

5 ml / 1 cucharadita de crémor tártaro

2,5 ml / ½ cucharadita de sal

2,5 ml / ½ cucharadita de bicarbonato de sodio (bicarbonato de sodio)

100 g / 4 oz / 2/3 taza de pasas

1 huevo

5 ml / 1 cucharadita de jarabe dorado (maíz ligero)

120 ml / 4 fl oz / ½ taza de leche tibia

Aceite para engrasar

Mezclar los ingredientes secos y las pasas y hacer un hueco en el centro. Batir el huevo con el almíbar y la leche y mezclar con la mezcla de harina hasta obtener una masa muy espesa. Tapar y dejar reposar unos 15 minutos hasta que la mezcla burbujee. Caliente una plancha grande o una sartén de base pesada (sartén) y engrase ligeramente. Deje caer pequeñas cucharadas de la masa en la plancha y cocine por un lado durante aproximadamente 3 minutos hasta que la parte inferior esté dorada, luego dé vuelta y cocine el otro lado durante aproximadamente 2 minutos. Envuelva los panqueques en un paño de cocina tibio (paño de cocina) mientras cocina el resto. Sirva fresco y untado con mantequilla, tostado o frito (salteado).

Panqueques escoceses de naranja

Hace 12

100 g / 4 oz / 1 taza de harina común (para todo uso)

10 ml / 2 cucharaditas de azúcar en polvo (superfina)

5 ml / 1 cucharadita de crémor tártaro

2,5 ml / ½ cucharadita de sal

2,5 ml / ½ cucharadita de bicarbonato de sodio (bicarbonato de sodio)

10 ml / 2 cucharaditas de cáscara de naranja rallada

1 huevo

5 ml / 1 cucharadita de jarabe dorado (maíz ligero)

120 ml / 4 fl oz / ½ taza de leche tibia

Unas gotas de esencia de naranja (extracto)

Aceite para engrasar

Mezclar los ingredientes secos y la cáscara de naranja y hacer un hueco en el centro. Batir el huevo con el almíbar, la leche y la esencia de naranja y mezclar con la mezcla de harina hasta obtener una masa bien espesa. Tapar y dejar reposar unos 15 minutos hasta que la mezcla burbujee. Caliente una plancha grande o una sartén de base pesada (sartén) y engrase ligeramente. Deje caer pequeñas cucharadas de la masa en la plancha y cocine por un lado durante aproximadamente 3 minutos hasta que la parte inferior esté dorada, luego dé vuelta y cocine el otro lado durante aproximadamente 2 minutos. Envuelva los panqueques en un paño de cocina tibio (paño de cocina) mientras cocina el resto. Sirva fresco y untado con mantequilla, tostado o frito (salteado).

Tortas galesas

Para 4 personas

225 g / 8 oz / 2 tazas de harina común (para todo uso)

5 ml / 1 cucharadita de levadura en polvo

2,5 ml / ½ cucharadita de especias molidas mezcladas (tarta de manzana)

50 g / 2 oz / ¼ taza de mantequilla o margarina

50 g / 2 oz / ¼ taza de manteca de cerdo (manteca)

75 g / 3 oz / 1/3 taza de azúcar en polvo (superfina)

50 g / 2 oz / 1/3 taza de grosellas

1 huevo batido

30–45 ml / 2–3 cucharadas de leche

Mezcle la harina, el polvo de hornear y la mezcla de especias en un bol. Frote la mantequilla o la margarina y la manteca de cerdo hasta que la mezcla se parezca a pan rallado. Agregue el azúcar y las grosellas. Agregue el huevo y suficiente leche para hacer una masa firme. Estirar sobre una tabla enharinada a 5 mm / ¼ de grosor y cortar en 7,5 cm / 3 en rodajas. Hornee en una plancha engrasada durante unos 4 minutos por cada lado hasta que se doren.

Panqueques galeses

Hace 12

175 g / 6 oz / 1½ tazas de harina común (para todo uso)

2,5 ml / ½ cucharadita de crémor tártaro

2,5 ml / ½ cucharadita de bicarbonato de sodio (bicarbonato de sodio)

50 g / 2 oz / ¼ taza de azúcar en polvo (superfina)

25 g / 1 oz / 2 cucharadas de mantequilla o margarina

1 huevo batido

120 ml / 4 fl oz / ½ taza de leche

2,5 ml / ½ cucharadita de vinagre

Aceite para engrasar

Mezcle los ingredientes secos y agregue el azúcar. Frote la mantequilla o la margarina y haga un hueco en el centro. Mezcle el huevo y la leche suficiente para hacer una masa fina. Agrega el vinagre. Calentar una plancha o una sartén de base gruesa (sartén) y engrasarla ligeramente. Deje caer cucharadas grandes de masa en la sartén y fría (saltee) durante unos 3 minutos hasta que estén doradas por la parte inferior. Dar la vuelta y cocinar el otro lado durante unos 2 minutos. Sirva caliente y con mantequilla.

Pan de maíz con especias mexicanas

Rinde 8 rollos

225 g / 8 oz / 2 tazas de harina con levadura (levadura)

5 ml / 1 cucharadita de chile en polvo

2,5 ml / ½ cucharadita de bicarbonato de sodio (bicarbonato de sodio)

200 g / 7 oz / 1 lata pequeña de maíz dulce con crema

15 ml / 1 cucharada de pasta de curry

250 ml / 8 fl oz / 1 taza de yogur natural

Aceite para freír

Mezcle la harina, la guindilla en polvo y el bicarbonato de sodio. Agregue los ingredientes restantes, excepto el aceite, y mezcle hasta obtener una masa suave. Coloque sobre una superficie ligeramente enharinada y amase suavemente hasta que quede suave. Cortar en ocho trozos y dar palmaditas cada uno en una ronda de 13 cm / 5. Calentar el aceite en una sartén de base pesada (sartén) y sofreír (saltear) los panes de maíz durante 2 minutos por cada lado hasta que estén dorados y ligeramente inflados.

Pan plano sueco

Hace 4

225 g / 8 oz / 2 tazas de harina integral (integral)

225 g / 8 oz / 2 tazas de harina de centeno o cebada

5 ml / 1 cucharadita de sal

Aproximadamente 250 ml / 8 fl oz / 1 taza de agua tibia

Aceite para engrasar

Mezclar las harinas y la sal en un bol, luego trabajar gradualmente en el agua hasta obtener una masa firme. Es posible que necesite un poco más o menos de agua, dependiendo de la harina que utilice. Batir bien hasta que la mezcla salga de los lados del bol, luego dar vuelta a una superficie ligeramente enharinada y amasar durante 5 minutos. Dividir la masa en cuatro y estirar finamente a 20 cm / 8 en rondas. Calentar una plancha o una sartén grande (sartén) y engrasar ligeramente. Freír (saltear) uno o dos panes a la vez durante unos 15 minutos por cada lado hasta que estén dorados.

Pan de centeno y maíz dulce al vapor

Hace una barra de 23 cm / 9 pulgadas

175 g / 6 oz / 1½ tazas de harina de centeno

175 g / 6 oz / 1½ tazas de harina integral (integral)

100 g / 4 oz / 1 taza de avena

10 ml / 2 cucharaditas de bicarbonato de sodio (bicarbonato de sodio)

5 ml / 1 cucharadita de sal

450 ml / ¾ pt / 2 tazas de leche

175 g / 6 oz / ½ taza de melaza negra (melaza)

10 ml / 2 cucharaditas de jugo de limón

Mezcle las harinas, la avena, el bicarbonato de sodio y la sal. Caliente la leche, la melaza y el jugo de limón hasta que estén tibios, luego agregue los ingredientes secos. Vierta con una cuchara en un tazón de pudín engrasado de 23 cm / 9 y cubra con papel de aluminio plisado. Coloque en una olla grande y llénela con suficiente agua caliente hasta que llegue hasta la mitad de los lados de la lata. Cubra y hierva durante 3 horas, agregando agua hirviendo según sea necesario. Dejar reposar toda la noche antes de servir.

Pan de maíz dulce al vapor

Rinde dos panes de 450 g / 1 lb

175 g / 6 oz / 1½ tazas de harina común (para todo uso)

225 g / 8 oz / 2 tazas de harina de maíz

15 ml / 1 cucharada de levadura en polvo

Una pizca de sal

3 huevos

45 ml / 3 cucharadas de aceite

150 ml / ¼ pt / 2/3 taza de leche

300 g / 11 oz de maíz dulce enlatado (maíz), escurrido y triturado

Mezcle la harina, la harina de maíz, el polvo de hornear y la sal. Batir los huevos, el aceite y la leche, luego mezclar con los ingredientes secos con el maíz dulce. Vierta en dos moldes para pan engrasados de 450 g / 1 lb y colóquelos en una olla grande llena con suficiente agua hirviendo hasta la mitad de los lados de los moldes. Cubra y cocine a fuego lento durante 2 horas, agregando agua hirviendo según sea necesario. Dejar enfriar en las latas antes de desmoldar y cortar.

Chapatis integrales

Hace 12

225 g / 8 oz / 2 tazas de harina integral (integral)

5 ml / 1 cucharadita de sal

150 ml / ¼ pt / 2/3 taza de agua

Mezcle la harina y la sal en un bol, luego trabaje gradualmente en el agua hasta obtener una masa firme. Dividir en 12 y extender finamente sobre una superficie enharinada. Engrase una sartén (sartén) o plancha de base gruesa y fría (saltee) unos chapatis a la vez a fuego moderado hasta que se doren por debajo. Dar la vuelta y cocinar el otro lado hasta que esté ligeramente dorado. Mantén los chapatis calientes mientras fríes el resto. Sirva untado con mantequilla por un lado, si lo desea.

Puris integral

Rinde 8

100 g / 4 oz / 1 taza de harina integral (integral)

100 g / 4 oz / 1 taza de harina común (para todo uso)

2,5 ml / ½ cucharadita de sal

25 g / 1 oz / 2 cucharadas de mantequilla o margarina, derretida

150 ml / ¼ pt / 2/3 taza de agua

Aceite para freír

Mezclar las harinas y la sal y hacer un hueco en el centro. Vierta la mantequilla o la margarina. Agregue gradualmente el agua, mezclando hasta obtener una masa firme. Amasar durante 5 a 10 minutos, luego cubrir con un paño húmedo y dejar reposar durante 15 minutos.

Dividir la masa en ocho y enrollar cada una en una ronda fina de 13 cm / 5. Calentar el aceite en una sartén grande de base pesada (sartén) y freír (saltear) los puris uno o dos a la vez hasta que se inflen y estén crujientes y dorados. Escurrir sobre papel de cocina (toallas de papel).

Galletas de almendras

Rinde 24

100 g / 4 oz / ½ taza de mantequilla o margarina, ablandada

50 g / 2 oz / ¼ taza de azúcar en polvo (superfina)

100 g / 4 oz / 1 taza de harina con levadura

25 g / 1 oz / ¼ taza de almendras molidas

Unas gotas de esencia de almendra (extracto)

Batir la mantequilla o margarina y el azúcar hasta que esté suave y esponjoso. Agregue la harina, las almendras molidas y la esencia de almendras hasta obtener una mezcla firme. Forme bolas grandes del tamaño de una nuez y colóquelas bien separadas en una bandeja para hornear engrasada (para galletas), luego presione ligeramente con un tenedor para aplanar. Hornee las galletas (galletas) en un horno precalentado a 180 ° C / 350 ° F / marca de gas 4 durante 15 minutos hasta que estén doradas.

Rizos de almendra

Hace 30

100 g / 4 oz / 1 taza de almendras en hojuelas (en rodajas)

100 g / 4 oz / ½ taza de mantequilla o margarina

100 g / 4 oz / ½ taza de azúcar en polvo (superfina)

30 ml / 2 cucharadas de leche

15-30 ml / 1-2 cucharadas de harina común (para todo uso)

Colocar las almendras, la mantequilla o margarina, el azúcar y la leche en una cacerola con 15 ml / 1 cucharada de harina. Caliente suavemente, revolviendo, hasta que se mezcle, agregando la harina restante si es necesario para que la mezcla se mantenga unida. Coloque cucharadas bien separadas en una bandeja para hornear (para galletas) engrasada y enharinada y hornee en un horno precalentado a 180 ° C / 350 ° F / marca de gas 4 durante 8 minutos hasta que se dore. Deja enfriar en la bandeja para hornear durante unos 30 segundos, luego dales forma de rizos alrededor del mango de una cuchara de madera. Si se enfrían demasiado para darles forma, regréselos al horno durante unos segundos para que se calienten nuevamente antes de darles forma al resto.

Anillos de almendra

Rinde 24

100 g / 4 oz / ½ taza de mantequilla o margarina, ablandada

100 g / 4 oz / ½ taza de azúcar en polvo (superfina)

1 huevo, separado

225 g / 8 oz / 2 tazas de harina común (para todo uso)

5 ml / 1 cucharadita de levadura en polvo

5 ml / 1 cucharadita de cáscara de limón rallada

50 g / 2 oz / ½ taza de almendras en hojuelas (en rodajas)

Azúcar en polvo (superfino) para espolvorear

Batir la mantequilla o margarina y el azúcar hasta que esté suave y esponjoso. Incorpora poco a poco la yema de huevo, luego mezcla la harina, el polvo de hornear y la cáscara de limón, terminando con las manos hasta que la mezcla se una. Estirar hasta 5 mm / ¼ de grosor y cortar en círculos de 6 cm / 2¼ de pulgada con un cortador de galletas, luego cortar los centros con un cortador de 2 cm / ¾ de pulgada. Coloca las galletas bien separadas en una bandeja para hornear engrasada (para galletas) y pínchalas con un tenedor. Hornee en un horno precalentado a 180 ° C / 350 ° F / marca de gas 4 durante 10 minutos. Pincelar con clara de huevo, espolvorear con las almendras y el azúcar, luego volver al horno durante 5 minutos más hasta que esté dorado pálido.

Grietas de almendra mediterránea

Rinde 24

2 huevos, separados

175 g / 6 oz / 1 taza de azúcar glas (de repostería), tamizada

10 ml / 2 cucharaditas de polvo de hornear

Corteza rallada de ½ limón

Unas gotas de esencia de vainilla (extracto)

400 g / 14 oz / 3½ tazas de almendras molidas

Batir las yemas y una clara de huevo con el azúcar hasta que estén pálidas y esponjosas. Batir todos los ingredientes restantes y mezclar hasta obtener una masa firme. Enrolle en bolas del tamaño de una nuez y colóquelas en una bandeja para hornear engrasada (para galletas), presionando suavemente para aplanarlas. Hornee en un horno precalentado a 180 ° C / 350 ° F / marca de gas 4 durante 15 minutos hasta que esté dorado y agrietado en la superficie.

Galletas de chocolate y almendras

Rinde 24

50 g / 2 oz / ¼ taza de mantequilla o margarina, ablandada

75 g / 3 oz / 1/3 taza de azúcar en polvo (superfina)

1 huevo pequeño, batido

100 g / 4 oz / 1 taza de harina común (para todo uso)

2,5 ml / ½ cucharadita de levadura en polvo

25 g / 1 oz / ¼ taza de almendras molidas

25 g / 1 oz / ¼ taza de chocolate natural (semidulce), rallado

Batir la mantequilla o margarina y el azúcar hasta que esté suave y esponjoso. Bata gradualmente el huevo y luego agregue los ingredientes restantes para hacer una masa bastante rígida. Si la mezcla está demasiado húmeda, agregue un poco más de harina. Envuelva en film transparente (film transparente) y enfríe durante 30 minutos.

Enrolle la masa en forma de cilindro y córtela en rodajas de 1 cm / ½. Disponga, bien separados, en una bandeja para hornear engrasada (para galletas) y hornee en un horno precalentado a 190 ° C / 375 ° F / marca de gas 5 durante 10 minutos.

Galletas de frutas y nueces Amish

Rinde 24

100 g / 4 oz / ½ taza de mantequilla o margarina, ablandada

175 g / 6 oz / ¾ taza de azúcar en polvo (superfina)

1 huevo

75 ml / 5 cucharadas de leche

75 g / 3 oz / ¼ taza de melaza negra (melaza)

250 g / 9 oz / 2¼ tazas de harina común (para todo uso)

10 ml / 2 cucharaditas de polvo de hornear

15 ml / 1 cucharada de canela molida

10 ml / 2 cucharaditas de bicarbonato de sodio (bicarbonato de sodio)

2,5 ml / ½ cucharadita de nuez moscada rallada

50 g / 2 oz / ½ taza de avena mediana

50 g / 2 oz / 1/3 taza de pasas

25 g / 1 oz / ¼ taza de nueces mixtas picadas

Batir la mantequilla o margarina y el azúcar hasta que esté suave y esponjoso. Incorpora poco a poco el huevo, luego la leche y la melaza. Incorpore los ingredientes restantes y mezcle hasta obtener una masa firme. Agregue un poco más de leche si la mezcla está demasiado rígida para trabajar, o un poco más de harina si está demasiado pegajosa; la textura variará dependiendo de la harina que uses. Estire la masa a unos 5 mm / ¼ de grosor y córtela en círculos con un cortador de galletas. Coloque en una bandeja para hornear engrasada (para galletas) y hornee en un horno precalentado a 180 ° C / 350 ° F / marca de gas 4 durante 10 minutos hasta que esté dorado.

Galletas de anís

Rinde 16

175 g / 6 oz / ¾ taza de azúcar en polvo (superfina)

2 claras de huevo

1 huevo

100 g / 4 oz / 1 taza de harina común (para todo uso)

5 ml / 1 cucharadita de anís molido

Batir el azúcar, las claras y el huevo durante 10 minutos. Poco a poco, agregue la harina y agregue el anís. Coloque la mezcla en un molde para pan de 450 g / 1 lb y hornee en un horno precalentado a 180 ° C / 350 ° F / marca de gas 4 durante 35 minutos hasta que una brocheta insertada en el centro salga limpia. Retirar del molde y cortar en rodajas de 1 cm / ½. Coloque las galletas (galletas) de lado en una bandeja para hornear engrasada (para galletas) y vuelva al horno durante 10 minutos más, volteando a la mitad de la cocción.

Galletas de plátano, avena y jugo de naranja

Rinde 24

100 g / 4 oz / ½ taza de mantequilla o margarina, ablandada

100 g / 4 oz de plátanos maduros, triturados

120 ml / 4 fl oz / ½ taza de jugo de naranja

4 claras de huevo, ligeramente batidas

10 ml / 2 cucharaditas de esencia de vainilla (extracto)

5 ml / 1 cucharadita de cáscara de naranja finamente rallada

225 g / 8 oz / 2 tazas de copos de avena

225 g / 8 oz / 2 tazas de harina común (para todo uso)

5 ml / 1 cucharadita de bicarbonato de sodio (bicarbonato de sodio)

5 ml / 1 cucharadita de nuez moscada rallada

Una pizca de sal

Batir la mantequilla o la margarina hasta que estén blandas, luego agregar los plátanos y el jugo de naranja. Mezcle las claras de huevo, la esencia de vainilla y la cáscara de naranja, luego agregue la mezcla de plátano, seguido del resto de los ingredientes. Deje caer cucharadas sobre las bandejas para hornear (galletas) y hornee en un horno precalentado a 180 ° C / 350 ° F / marca de gas 4 durante 20 minutos hasta que se doren.

Galletas Básicas

Hace 40

100 g / 4 oz / ½ taza de mantequilla o margarina, ablandada

100 g / 4 oz / ½ taza de azúcar en polvo (superfina)

1 huevo batido

5 ml / 1 cucharadita de esencia de vainilla (extracto)

225 g / 8 oz / 2 tazas de harina común (para todo uso)

Batir la mantequilla o margarina y el azúcar hasta que esté suave y esponjoso. Agrega gradualmente el huevo y la esencia de vainilla, luego agrega la harina y amasa hasta obtener una masa suave. Enrolle en una bola, envuélvala en film transparente (envoltura de plástico) y enfríe durante 1 hora.

Estire la masa a 5 mm / ¼ de espesor y córtela en rodajas con un cortador de galletas. Colocar en una bandeja para hornear engrasada (para galletas) y hornear en un horno precalentado a 200 ° C / 400 ° F / marca de gas 6 durante 10 minutos hasta que estén doradas. Deje enfriar en la hoja durante 5 minutos antes de transferir a una rejilla para terminar de enfriar.

Galletas de salvado crujientes

Rinde 16

100 g / 4 oz / 1 taza de harina integral (integral)

100 g / 4 oz / ½ taza de azúcar morena suave

25 g / 1 oz / ¼ taza de copos de avena

25 g / 1 oz / ½ taza de salvado

5 ml / 1 cucharadita de bicarbonato de sodio (bicarbonato de sodio)

5 ml / 1 cucharadita de jengibre molido

100 g / 4 oz / ½ taza de mantequilla o margarina

15 ml / 1 cucharada de jarabe dorado (maíz ligero)

15 ml / 1 cucharada de leche

Mezcle los ingredientes secos. Derrita la mantequilla con el almíbar y la leche, luego mezcle con los ingredientes secos para hacer una masa firme. Coloque cucharadas de la mezcla de bizcocho (galleta) en una bandeja para hornear engrasada (para galletas) y hornee en un horno precalentado a 160 ° C / 325 ° F / marca de gas 3 durante 15 minutos hasta que se dore.

Galletas de salvado de sésamo

Hace 12

225 g / 8 oz / 2 tazas de harina integral (integral)

5 ml / 1 cucharadita de levadura en polvo

25 g / 1 oz / ½ taza de salvado

Una pizca de sal

50 g / 2 oz / ¼ taza de mantequilla o margarina

45 ml / 3 cucharadas de azúcar morena suave

45 ml / 3 cucharadas de pasas sultanas (pasas doradas)

1 huevo, ligeramente batido

120 ml / 4 fl oz / ½ taza de leche

45 ml / 3 cucharadas de semillas de sésamo

Mezcle la harina, el polvo de hornear, el salvado y la sal, luego frote la mantequilla o la margarina hasta que la mezcla se parezca a pan rallado. Agregue el azúcar y las pasas sultanas, luego mezcle el huevo y suficiente leche para hacer una masa suave pero no pegajosa. Estirar hasta 1 cm / ½ pulg. De grosor y cortar en rodajas con un cortador de galletas. Coloque en una bandeja para hornear engrasada (para galletas), cepille con leche y espolvoree con semillas de sésamo. Hornee en horno precalentado a 220 ° C / 425 ° F / marca de gas 7 durante 10 minutos hasta que se doren.

Galletas de Brandy con Alcaravea

Hace 30

25 g / 1 oz / 2 cucharadas de mantequilla o margarina, ablandada

75 g / 3 oz / 1/3 taza de azúcar morena suave

½ huevo

10 ml / 2 cucharaditas de brandy

175 g / 6 oz / 1½ tazas de harina común (para todo uso)

10 ml / 2 cucharaditas de semillas de alcaravea

5 ml / 1 cucharadita de levadura en polvo

Una pizca de sal

Batir la mantequilla o margarina y el azúcar hasta que esté suave y esponjoso. Poco a poco, agregue el huevo y el brandy, luego agregue los ingredientes restantes y mezcle hasta obtener una masa firme. Envuelva en film transparente (film transparente) y enfríe durante 30 minutos.

Extienda la masa sobre una superficie ligeramente enharinada hasta un grosor de aproximadamente 3 mm / 1/8 de pulgada y córtela en rodajas con un cortador de galletas. Coloque las galletas en una bandeja para hornear engrasada (para galletas) y hornee en un horno precalentado a 200 ° C / 400 ° F / marca de gas 6 durante 10 minutos.

Brandy Snaps

Hace 30

100 g / 4 oz / ½ taza de mantequilla o margarina

100 g / 4 oz / 1/3 taza de jarabe dorado (maíz ligero)

100 g / 4 oz / ½ taza de azúcar demerara

100 g / 4 oz / 1 taza de harina común (para todo uso)

5 ml / 1 cucharadita de jengibre molido

5 ml / 1 cucharadita de jugo de limón

Derretir la mantequilla o margarina, el almíbar y el azúcar en una sartén. Deje enfriar un poco, luego agregue la harina y el jengibre, luego el jugo de limón. Deje caer cucharaditas de la mezcla a una distancia de 10 cm / 4 pulgadas en bandejas para hornear engrasadas (para galletas) y hornee en un horno precalentado a 180 ° C / 350 ° F / marca de gas 4 durante 8 minutos hasta que estén doradas. Deje enfriar por un minuto, luego levante de la bandeja para hornear con una rebanada y enrolle alrededor del mango engrasado de una cuchara de madera. Retirar el mango de la cuchara y dejar enfriar sobre una rejilla. Si los broches se endurecen demasiado antes de darles forma, vuelva a colocarlos en el horno durante un minuto para que se calienten y ablanden.

Galletas de mantequilla

Rinde 24

100 g / 4 oz / ½ taza de mantequilla o margarina, ablandada

50 g / 2 oz / ¼ taza de azúcar en polvo (superfina)

Corteza rallada de 1 limón

150 g / 5 oz / 1¼ tazas de harina con levadura (levadura)

Batir la mantequilla o margarina y el azúcar hasta que esté suave y esponjoso. Trabaje en la cáscara de limón, luego mezcle la harina hasta obtener una mezcla firme. Forme bolas grandes del tamaño de una nuez y colóquelas bien separadas en una bandeja para hornear engrasada (para galletas), luego presione ligeramente con un tenedor para aplanar. Hornee las galletas (galletas) en un horno precalentado a 180 ° C / 350 ° F / marca de gas 4 durante 15 minutos hasta que estén doradas.

Galletas de caramelo

Hace 40

100 g / 4 oz / ½ taza de mantequilla o margarina, ablandada

100 g / 4 oz / ½ taza de azúcar morena suave oscura

1 huevo batido

1,5 ml / ¼ cucharadita de esencia de vainilla (extracto)

225 g / 8 oz / 2 tazas de harina común (para todo uso)

7,5 ml / 1½ cucharadita de polvo de hornear

Una pizca de sal

Batir la mantequilla o margarina y el azúcar hasta que esté suave y esponjoso. Incorpora poco a poco el huevo y la esencia de vainilla. Agrega la harina, el polvo de hornear y la sal. Forme la masa en tres rollos de unos 5 cm de diámetro, envuélvalos en film transparente (film transparente) y enfríe durante 4 horas o toda la noche.

Córtelos en rodajas gruesas de 3 mm / 1/8 de pulgada y colóquelos en bandejas para hornear (para galletas) sin engrasar. Hornee las galletas (galletas) en un horno precalentado a 190 ° C / 375 ° F / marca de gas 5 durante 10 minutos hasta que estén ligeramente doradas.

Galletas de caramelo

Hace 30

50 g / 2 oz / ¼ taza de mantequilla o margarina, ablandada

50 g / 2 oz / ¼ taza de manteca de cerdo (manteca)

225 g / 8 oz / 1 taza de azúcar morena suave

1 huevo, ligeramente batido

175 g / 6 oz / 1½ tazas de harina común (para todo uso)

1,5 ml / ¼ cucharadita de bicarbonato de sodio (bicarbonato de sodio)

1,5 ml / ¼ cucharadita de crémor tártaro

Una pizca de nuez moscada rallada

10 ml / 2 cucharaditas de agua

2,5 ml / ½ cucharadita de esencia de vainilla (extracto)

Batir la mantequilla o margarina, la manteca de cerdo y el azúcar hasta que esté suave y esponjoso. Incorpora poco a poco el huevo. Incorpora la harina, el bicarbonato de sodio, el crémor tártaro y la nuez moscada, luego agrega el agua y la esencia de vainilla y mezcla hasta obtener una masa suave. Enrolle en forma de salchicha, envuélvala en film transparente (envoltura de plástico) y enfríe durante al menos 30 minutos, preferiblemente más.

Cortar la masa en rodajas de 1 cm / ½ y colocar en una bandeja para hornear engrasada (para galletas). Hornee las galletas (galletas) en un horno precalentado a 180 °C / 350 °F / marca de gas 4 durante 10 minutos hasta que estén doradas.

Galletas de zanahoria y nueces

Hace 48

175 g / 6 oz / ¾ taza de mantequilla o margarina, ablandada

100 g / 4 oz / ½ taza de azúcar morena suave

50 g / 2 oz / ¼ taza de azúcar en polvo (superfina)

1 huevo, ligeramente batido

225 g / 8 oz / 2 tazas de harina común (para todo uso)

5 ml / 1 cucharadita de levadura en polvo

2,5 ml / ½ cucharadita de sal

100 g / 4 oz / ½ taza puré de zanahorias cocidas

100 g / 4 oz / 1 taza de nueces, picadas

Batir la mantequilla o margarina y los azúcares hasta que estén suaves y esponjosos. Poco a poco, bata el huevo, luego agregue la harina, el polvo de hornear y la sal. Incorpore el puré de zanahorias y nueces. Deje caer cucharadas pequeñas en una bandeja para hornear engrasada (para galletas) y hornee en un horno precalentado a 200 ° C / 400 ° F / marca de gas 6 durante 10 minutos.

Galletas de zanahoria y nueces con hielo de naranja

Hace 48

Para las galletas (cookies):

175 g / 6 oz / ¾ taza de mantequilla o margarina, ablandada

100 g / 4 oz / ½ taza de azúcar en polvo (superfina)

50 g / 2 oz / ¼ taza de azúcar morena suave

1 huevo, ligeramente batido

225 g / 8 oz / 2 tazas de harina común (para todo uso)

5 ml / 1 cucharadita de levadura en polvo

2,5 ml / ½ cucharadita de sal

5 ml / 1 cucharadita de esencia de vainilla (extracto)

100 g / 4 oz / ½ taza puré de zanahorias cocidas

100 g / 4 oz / 1 taza de nueces, picadas

Para la formación de hielo (glaseado):

175 g / 6 oz / 1 taza de azúcar glas (de repostería), tamizada

10 ml / 2 cucharaditas de cáscara de naranja rallada

30 ml / 2 cucharadas de jugo de naranja

Para hacer las galletas, mezcle la mantequilla o margarina y los azúcares hasta que estén suaves y esponjosos. Poco a poco, bata el huevo, luego agregue la harina, el polvo de hornear y la sal. Incorporar la esencia de vainilla, puré de zanahorias y nueces. Deje caer cucharadas pequeñas en una bandeja para hornear engrasada (para galletas) y hornee en un horno precalentado a 200 ° C / 400 ° F / marca de gas 6 durante 10 minutos.

Para hacer el glaseado, coloque el azúcar glas en un bol, agregue la cáscara de naranja y haga un hueco en el centro. Agregue gradualmente el jugo de naranja poco a poco hasta obtener una formación de hielo suave pero bastante espesa. Repartir sobre las galletas mientras aún estén calientes, luego dejar enfriar y cuajar.

Galletas de cereza

Hace 48

100 g / 4 oz / ½ taza de mantequilla o margarina, ablandada

100 g / 4 oz / ½ taza de azúcar en polvo (superfina)

1 huevo batido

5 ml / 1 cucharadita de esencia de vainilla (extracto)

225 g / 8 oz / 2 tazas de harina común (para todo uso)

50 g / 2 oz / ¼ taza de cerezas glaseadas (confitadas), picadas

Batir la mantequilla o margarina y el azúcar hasta que esté suave y esponjoso. Agrega gradualmente el huevo y la esencia de vainilla, luego agrega la harina y las cerezas y amasa hasta obtener una masa suave. Enrolle en una bola, envuélvala en film transparente (envoltura de plástico) y enfríe durante 1 hora.

Estire la masa a 5 mm / ¼ de espesor y córtela en rodajas con un cortador de galletas. Colocar en una bandeja para hornear engrasada (para galletas) y hornear en un horno precalentado a 200 ° C / 400 ° F / marca de gas 6 durante 10 minutos hasta que estén doradas. Deje enfriar en la hoja durante 5 minutos antes de transferir a una rejilla para terminar de enfriar.

Anillos de cereza y almendra

Rinde 24

100 g / 4 oz / ½ taza de mantequilla o margarina, ablandada

100 g / 4 oz / ½ taza de azúcar en polvo (superfina), más extra para espolvorear

1 huevo, separado

225 g / 8 oz / 2 tazas de harina común (para todo uso)

5 ml / 1 cucharadita de levadura en polvo

5 ml / 1 cucharadita de cáscara de limón rallada

60 ml / 4 cucharadas de cerezas glaseadas (confitadas)

50 g / 2 oz / ½ taza de almendras en hojuelas (en rodajas)

Batir la mantequilla o margarina y el azúcar hasta que esté suave y esponjoso. Incorpora poco a poco la yema de huevo, luego mezcla la harina, el polvo de hornear, la cáscara de limón y las cerezas, terminando con las manos hasta que la mezcla se una. Estirar hasta 5 mm / ¼ de grosor y cortar en círculos de 6 cm / 2¼ de pulgada con un cortador de galletas, luego cortar los centros con un cortador de 2 cm / ¾ de pulgada. Coloca las galletas bien separadas en una bandeja para hornear engrasada (para galletas) y pínchalas con un tenedor. Hornee en un horno precalentado a 180 ° C / 350 ° F / marca de gas 4 durante 10 minutos. Pincelar con clara de huevo y espolvorear con las almendras y el azúcar, luego volver al horno durante 5 minutos más hasta que esté dorado pálido.

Galletas De Mantequilla De Chocolate

Rinde 24

100 g / 4 oz / ½ taza de mantequilla o margarina

50 g / 2 oz / ¼ taza de azúcar en polvo (superfina)

100 g / 4 oz / 1 taza de harina con levadura

30 ml / 2 cucharadas de cacao en polvo (chocolate sin azúcar)

Batir la mantequilla o margarina y el azúcar hasta que esté suave y esponjoso. Incorpora la harina y el cacao hasta obtener una mezcla firme. Forme bolas grandes del tamaño de una nuez y colóquelas bien separadas en una bandeja para hornear engrasada (para galletas), luego presione ligeramente con un tenedor para aplanar. Hornee las galletas (galletas) en un horno precalentado a 180 ° C / 350 ° F / marca de gas 4 durante 15 minutos hasta que se doren.

Rollos de chocolate y cereza

Rinde 24

100 g / 4 oz / ½ taza de mantequilla o margarina, ablandada

100 g / 4 oz / ½ taza de azúcar en polvo (superfina)

1 huevo

2,5 ml / ½ cucharadita de esencia de vainilla (extracto)

225 g / 8 oz / 2 tazas de harina común (para todo uso)

5 ml / 1 cucharadita de levadura en polvo

Una pizca de sal

25 g / 1 oz / ¼ taza de cacao en polvo (chocolate sin azúcar)

25 g / 1 oz / 2 cucharadas de cerezas glaseadas (confitadas), picadas

Batir la mantequilla y el azúcar hasta que esté suave y esponjoso. Poco a poco, agregue el huevo y la esencia de vainilla, luego agregue la harina, el polvo de hornear y la sal para hacer una masa firme. Dividir la masa por la mitad y mezclar el cacao en una mitad y las cerezas en la otra mitad. Envuelva en film transparente (film transparente) y enfríe durante 30 minutos.

Extienda cada trozo de masa en un rectángulo de unos 3 mm / 1/8 de espesor, luego coloque uno encima del otro y presione suavemente con el rodillo. Enrolle desde el lado más largo y presione juntos suavemente. Córtelos en rodajas de 1 cm / ½ de grosor y colóquelos bien separados en una bandeja para hornear engrasada (para galletas). Hornee en un horno precalentado a 200 ° C / 400 ° F / marca de gas 6 durante 10 minutos.

Galletas con chispas de chocolate

Rinde 24

75 g / 3 oz / 1/3 taza de mantequilla o margarina

175 g / 6 oz / 1½ tazas de harina común (para todo uso)

5 ml / 1 cucharadita de levadura en polvo

Una pizca de bicarbonato de sodio (bicarbonato de sodio)

50 g / 2 oz / ¼ taza de azúcar morena suave

45 ml / 3 cucharadas de jarabe dorado (maíz ligero)

100 g / 4 oz / 1 taza de chispas de chocolate

Frote la mantequilla o la margarina en la harina, el polvo de hornear y el bicarbonato de sodio hasta que la mezcla parezca pan rallado. Agregue el azúcar, el almíbar y las chispas de chocolate y mezcle hasta obtener una masa suave. Forme bolas pequeñas y colóquelas en una bandeja para hornear engrasada (para galletas), presionando ligeramente para aplanar. Hornee las galletas (galletas) en un horno precalentado a 190 ° C / 375 ° F / marca de gas 5 durante 15 minutos hasta que estén doradas.

Galletas de chocolate y chispas de plátano

Rinde 24

75 g / 3 oz / 1/3 taza de mantequilla o margarina

175 g / 6 oz / 1½ tazas de harina común (para todo uso)

5 ml / 1 cucharadita de levadura en polvo

2,5 ml / ½ cucharadita de bicarbonato de sodio (bicarbonato de sodio)

50 g / 2 oz / ¼ taza de azúcar morena suave

45 ml / 3 cucharadas de jarabe dorado (maíz ligero)

50 g / 2 oz / ½ taza de chispas de chocolate

50 g / 2 oz / ½ taza de chips de plátano secos, picados en trozos grandes

Frote la mantequilla o la margarina en la harina, el polvo de hornear y el bicarbonato de sodio hasta que la mezcla parezca pan rallado. Agregue el azúcar, el almíbar y las chispas de chocolate y plátano y mezcle hasta obtener una masa suave. Forme bolas pequeñas y colóquelas en una bandeja para hornear engrasada (para galletas), presionando ligeramente para aplanar. Hornee las galletas (galletas) en un horno precalentado a 190 ° C / 375 ° F / marca de gas 5 durante 15 minutos hasta que estén doradas.

Bocaditos de chocolate y nueces

Rinde 24

50 g / 2 oz / ¼ taza de mantequilla o margarina, ablandada

175 g / 6 oz / ¾ taza de azúcar en polvo (superfina)

1 huevo

5 ml / 1 cucharadita de esencia de vainilla (extracto)

25 g / 1 oz / ¼ taza de chocolate natural (semidulce), derretido

100 g / 4 oz / 1 taza de harina común (para todo uso)

5 ml / 1 cucharadita de levadura en polvo

Una pizca de sal

30 ml / 2 cucharadas de leche

25 g / 1 oz / ¼ taza de nueces mixtas picadas

Azúcar en polvo (de repostería), tamizado, para espolvorear

Batir la mantequilla o margarina y el azúcar en polvo hasta que esté suave y esponjoso. Poco a poco, agregue el huevo y la esencia de vainilla, luego agregue el chocolate. Mezcle la harina, el polvo de hornear y la sal y mezcle en la mezcla alternativamente con la leche. Agregue las nueces, cubra y enfríe durante 3 horas.

Enrolle la mezcla en bolas de 3 cm / 1½ y agregue el azúcar glas. Disponga en una bandeja para hornear (para galletas) ligeramente engrasada y hornee en un horno precalentado a 180 ° C / 350 ° F / marca de gas 4 durante 15 minutos hasta que esté ligeramente dorado. Sirve espolvoreado con azúcar glas.

Galletas de chispas de chocolate americanas

Hace 20

225 g / 8 oz / 1 taza de manteca de cerdo (manteca vegetal)

225 g / 8 oz / 1 taza de azúcar morena suave

100 g / 4 oz / ½ taza de azúcar granulada

5 ml / 1 cucharadita de esencia de vainilla (extracto)

2 huevos, ligeramente batidos

175 g / 6 oz / 1½ tazas de harina común (para todo uso)

5 ml / 1 cucharadita de sal

5 ml / 1 cucharadita de bicarbonato de sodio (bicarbonato de sodio)

225 g / 8 oz / 2 tazas de copos de avena

350 g / 12 oz / 3 tazas de chispas de chocolate

Batir la manteca de cerdo, los azúcares y la esencia de vainilla hasta que esté suave y esponjoso. Incorpora los huevos poco a poco. Agregue la harina, la sal, el bicarbonato de sodio y la avena, luego agregue las chispas de chocolate. Coloque cucharadas de la mezcla en bandejas para hornear engrasadas (para galletas) y hornee en un horno precalentado a 180 ° C / 350 ° F / marca de gas 4 durante aproximadamente 10 minutos hasta que estén doradas.

Cremas de chocolate

Rinde 24

175 g / 6 oz / ¾ taza de mantequilla o margarina, ablandada

175 g / 6 oz / ¾ taza de azúcar en polvo (superfina)

225 g / 8 oz / 2 tazas de harina con levadura (levadura)

75 g / 3 oz / ¾ taza de coco desecado (rallado)

100 g / 4 oz / 4 tazas de hojuelas de maíz, trituradas

25 g / 1 oz / ¼ taza de cacao en polvo (chocolate sin azúcar)

60 ml / 4 cucharadas de agua hirviendo

100 g / 4 oz / 1 taza de chocolate natural (semidulce)

Batir la mantequilla o la margarina y el azúcar, luego agregar la harina, el coco y los copos de maíz. Licue el cacao con el agua hirviendo y luego revuelva con la mezcla. Enrolle en bolas de 2,5 cm / 1 en, colóquelas en una bandeja para hornear engrasada (para galletas) y presione ligeramente con un tenedor para aplanar. Hornee en un horno precalentado a 180 ° C / 350 ° F / marca de gas 4 durante 15 minutos hasta que esté dorado.

Derrita el chocolate en un recipiente resistente al calor sobre una cacerola con agua hirviendo a fuego lento. Extienda por encima de la mitad de los bizcochos (galletas) y presione la otra mitad en la parte superior. Dejar enfriar.

Galletas con chispas de chocolate y avellanas

Rinde 16

200 g / 7 oz / escasa 1 taza de mantequilla o margarina, ablandada

50 g / 2 oz / ¼ taza de azúcar en polvo (superfina)

100 g / 4 oz / ½ taza de azúcar morena suave

10 ml / 2 cucharaditas de esencia de vainilla (extracto)

1 huevo batido

275 g / 10 oz / 2½ tazas de harina común (para todo uso)

50 g / 2 oz / ½ taza de cacao en polvo (chocolate sin azúcar)

5 ml / 1 cucharadita de levadura en polvo

75 g / 3 oz / ¾ taza de avellanas

225 g / 8 oz / 2 tazas de chocolate blanco, picado

Batir la mantequilla o margarina, los azúcares y la esencia de vainilla hasta que estén pálidos y esponjosos, luego batir el huevo. Agregue la harina, el cacao y el polvo de hornear. Agregue las nueces y el chocolate hasta que la mezcla se una. Forme 16 bolas y esparza uniformemente en una bandeja para hornear (para galletas) engrasada y forrada, luego aplaste ligeramente con el dorso de una cuchara. Hornee en un horno precalentado a 160 ° C / 325 ° F / marca de gas 3 durante unos 15 minutos hasta que cuaje, pero aún un poco suave.

Galletas de chocolate y nuez moscada

Rinde 24

50 g / 2 oz / ¼ taza de mantequilla o margarina, ablandada

100 g / 4 oz / ½ taza de azúcar en polvo (superfina)

15 ml / 1 cucharada de cacao en polvo (chocolate sin azúcar)

1 yema de huevo

2,5 ml / ½ cucharadita de esencia de vainilla (extracto)

150 g / 5 oz / 1¼ tazas de harina común (para todo uso)

5 ml / 1 cucharadita de levadura en polvo

Una pizca de nuez moscada rallada

60 ml / 4 cucharadas de crema agria (agria)

Batir la mantequilla o margarina y el azúcar hasta que esté suave y esponjoso. Incorpora el cacao. Batir la yema de huevo y la esencia de vainilla, luego agregar la harina, el polvo de hornear y la nuez moscada. Incorpora la crema hasta que quede suave. Cubra y enfríe.

Estirar la masa hasta que tenga un grosor de 5 mm / ¼ de pulgada y cortar con un cortador de 5 cm / 2 de pulgada. Coloque las galletas (galletas) en una bandeja para hornear (para galletas) sin engrasar y hornee en un horno precalentado a 200 ° C / 400 ° F / marca de gas 6 durante 10 minutos hasta que estén doradas.

Galletas con cobertura de chocolate

Rinde 16

175 g / 6 oz / ¾ taza de mantequilla o margarina, ablandada

75 g / 3 oz / 1/3 taza de azúcar en polvo (superfina)

175 g / 6 oz / 1½ tazas de harina común (para todo uso)

50 g / 2 oz / ½ taza de arroz molido

75 g / 3 oz / ¾ taza de chispas de chocolate

100 g / 4 oz / 1 taza de chocolate natural (semidulce)

Batir la mantequilla o margarina y el azúcar hasta que esté suave y esponjoso. Mezcle la harina y el arroz molido, luego amase las chispas de chocolate. Presione en una lata para panecillos suizos engrasados (molde para panecillos de gelatina) y pinche con un tenedor. Hornee en un horno precalentado a 160 ° C / 325 ° F / marca de gas 3 durante 30 minutos hasta que esté dorado. Marque en los dedos mientras aún está caliente, luego deje enfriar completamente.

Derrita el chocolate en un recipiente resistente al calor sobre una cacerola con agua hirviendo a fuego lento. Extienda sobre las galletas (bizcochos) y déjelas enfriar y cuaje antes de cortarlas en los dedos. Almacenar en un recipiente hermético.

Galletas Sándwich de Café y Chocolate

Hace 40

Para las galletas (cookies):

175 g / 6 oz / ¾ taza de mantequilla o margarina

25 g / 1 oz / 2 cucharadas de manteca de cerdo (manteca vegetal)

450 g / 1 lb / 4 tazas de harina común (para todo uso)

Una pizca de sal

100 g / 4 oz / ½ taza de azúcar morena suave

5 ml / 1 cucharadita de bicarbonato de sodio (bicarbonato de sodio)

60 ml / 4 cucharadas de café negro fuerte

5 ml / 1 cucharadita de esencia de vainilla (extracto)

100 g / 4 oz / 1/3 taza de jarabe dorado (maíz ligero)

Para el llenado:

10 ml / 2 cucharaditas de café instantáneo en polvo

10 ml / 2 cucharaditas de agua hirviendo

50 g / 2 oz / ¼ taza de azúcar en polvo (superfina)

25 g / 1 oz / 2 cucharadas de mantequilla o margarina

15 ml / 1 cucharada de leche

Para hacer las galletas, frote la mantequilla o margarina y la manteca de cerdo en la harina y la sal hasta que la mezcla se asemeje al pan rallado, luego agregue el azúcar morena. Mezcle el bicarbonato de sodio con un poco de café, luego agregue la mezcla con el café restante, la esencia de vainilla y el almíbar y mezcle hasta obtener una masa suave. Coloque en un recipiente ligeramente engrasado, cubra con film transparente (envoltura de plástico) y déjelo toda la noche.

Extienda la masa sobre una superficie ligeramente enharinada hasta un grosor de aproximadamente 1 cm / ½ pulgada y córtela en rectángulos de 2 x 7,5 cm / ¾ x 3. Marque cada uno con un tenedor para hacer un patrón estriado. Transfiera a una bandeja para hornear engrasada (para galletas) y hornee en un horno precalentado a 200 ° C / 400 ° F / marca de gas 6 durante 10 minutos hasta que se doren. Dejar enfriar sobre una rejilla.

Para hacer el relleno, disuelva el café en polvo en el agua hirviendo en una cacerola pequeña, luego agregue los ingredientes restantes y déjelo hervir. Hervir durante 2 minutos, luego retirar del fuego y batir hasta que espese y enfríe. Emparejar pares de galletas junto con el relleno.

Galletas de Navidad

Rinde 24

100 g / 4 oz / ½ taza de mantequilla o margarina, ablandada

100 g / 4 oz / ½ taza de azúcar en polvo (superfina)

225 g / 8 oz / 2 tazas de harina común (para todo uso)

Una pizca de sal

5 ml / 1 cucharadita de canela molida

1 yema de huevo

10 ml / 2 cucharaditas de agua fría

Unas gotas de esencia de vainilla (extracto)

Para la formación de hielo (glaseado):
225 g / 8 oz / 11/3 tazas de azúcar glas (de repostería), tamizada

30 ml / 2 cucharadas de agua

Colorante alimentario (opcional)

Batir la mantequilla y el azúcar hasta que esté suave y esponjoso. Agregue la harina, la sal y la canela, luego mezcle la yema de huevo, el agua y la esencia de vainilla y mezcle hasta obtener una masa firme. Envuelva en plástico transparente y déjelo enfriar durante 30 minutos.

Estire la masa hasta que tenga un grosor de 5 mm / ¼ de pulgada y corte las formas navideñas con un cortador de galletas o un cuchillo afilado. Haz un agujero en la parte superior de cada galleta si quieres colgarlas de un árbol. Coloque las formas en una bandeja para hornear engrasada (para galletas) y hornee en un horno precalentado a 200 ° C / 400 ° F / marca de gas 6 durante 10 minutos hasta que estén doradas. Dejar enfriar.

Para hacer el glaseado, mezcle gradualmente el agua con el azúcar glas hasta obtener un glaseado bastante espeso. Colorea pequeñas cantidades en diferentes colores, si lo deseas. Coloque los patrones en las galletas y déjelo reposar. Pase un lazo de cinta o hilo a través del agujero para colgar.

Galletas de coco

Hace 32

50 g / 2 oz / 3 cucharadas de jarabe dorado (maíz ligero)

150 g / 5 oz / 2/3 taza de mantequilla o margarina

100 g / 4 oz / ½ taza de azúcar en polvo (superfina)

100 g / 4 oz / 1 taza de harina común (para todo uso)

75 g / 3 oz / ¾ taza de copos de avena

50 g / 2 oz / ½ taza de coco desecado (rallado)

10 ml / 2 cucharaditas de bicarbonato de sodio (bicarbonato de sodio)

15 ml / 1 cucharada de agua caliente

Derretir el almíbar, la mantequilla o la margarina y el azúcar. Agregue la harina, la avena y el coco seco. Mezcle el bicarbonato de sodio con el agua caliente y luego agregue los otros ingredientes. Deje que la mezcla se enfríe un poco, luego divida en 32 piezas y haga una bola con cada una. Aplana los bizcochos (galletas) y colócalos en bandejas para hornear engrasadas (para galletas). Hornee en un horno precalentado a 160 ° C / 325 ° F / marca de gas 3 durante 20 minutos hasta que esté dorado.

Galletas de Maíz con Crema de Frutas

Hace 12

150 g / 5 oz / 1¼ tazas de harina integral (integral)

150 g / 5 oz / 1¼ tazas de harina de maíz

10 ml / 2 cucharaditas de polvo de hornear

Una pizca de sal

225 g / 8 oz / 1 taza de yogur natural

75 g / 3 oz / ¼ taza de miel clara

2 huevos

45 ml / 3 cucharadas de aceite

Para la crema de frutas:
150 g / 5 oz / 2/3 taza de mantequilla o margarina, ablandada

Jugo de 1 limón

Unas gotas de esencia de vainilla (extracto)

30 ml / 2 cucharadas de azúcar en polvo (superfina)

225 g / 8 oz de fresas

Mezcle la harina, la harina de maíz, el polvo de hornear y la sal. Agregue el yogur, la miel, los huevos y el aceite y mezcle hasta obtener una masa suave. Estirar sobre una superficie ligeramente enharinada hasta aproximadamente 1 cm / ½ pulgada de grosor y cortar en rodajas grandes. Coloque en una bandeja para hornear engrasada (para galletas) y hornee en un horno precalentado a 200 ° C / 400 ° F / marca de gas 6 durante 15 minutos hasta que esté dorado.

Para hacer la crema de frutas, mezcle la mantequilla o margarina, el jugo de limón, la esencia de vainilla y el azúcar. Reserve algunas fresas para decorar, luego triture el resto y frote a través de un colador (colador) si prefiere la crema sin semillas (huesos). Mezclar con la mezcla de mantequilla, luego enfriar. Con una cuchara, coloque una roseta de crema en cada galleta antes de servir.

Galletas de Cornualles

Hace 20

225 g / 8 oz / 2 tazas de harina con levadura (levadura)

Una pizca de sal

100 g / 4 oz / ½ taza de mantequilla o margarina

175 g / 6 oz / 2/3 taza de azúcar en polvo (superfina)

1 huevo

Azúcar en polvo (de repostería), tamizado, para espolvorear

Mezcle la harina y la sal en un tazón, luego frote la mantequilla o margarina hasta que la mezcla se parezca a pan rallado. Agrega el azúcar. Agregue el huevo y amase hasta obtener una masa suave. Estirar finamente sobre una superficie ligeramente enharinada, luego cortar en rodajas.

Coloque en una bandeja para hornear engrasada (para galletas) y hornee en un horno precalentado a 200 ° C / 400 ° F / marca de gas 6 durante aproximadamente 10 minutos hasta que esté dorado.

Galletas De Grosella Integral

Rinde 36

100 g / 4 oz / ½ taza de mantequilla o margarina, ablandada

50 g / 2 oz / ¼ taza de azúcar demerara

2 huevos, separados

100 g / 4 oz / 2/3 taza de grosellas

225 g / 8 oz / 2 tazas de harina integral (integral)

100 g / 4 oz / 1 taza de harina común (para todo uso)

5 ml / 1 cucharadita de especias molidas mezcladas (tarta de manzana)

150 ml / ¼ pt / 2/3 taza de leche, más extra para cepillar

Batir la mantequilla o la margarina y el azúcar hasta que esté suave y esponjoso. Batir las yemas de huevo, luego agregar las grosellas. Mezcle las harinas y las especias mezcladas y revuelva con la mezcla con la leche. Bate las claras de huevo hasta que formen picos suaves, luego dóblalas en la mezcla para hacer una masa suave. Extienda la masa sobre una superficie ligeramente enharinada, luego córtela con un cortador de galletas de 5 cm / 2 pulgadas. Coloque en una bandeja para hornear engrasada (para galletas) y cepille con leche. Hornee en horno precalentado a 180 ° C / 350 ° F / marca de gas 4 durante 20 minutos hasta que esté dorado.

Galletas Sandwich de Dátiles

Hace 30

225 g / 8 oz / 1 taza de mantequilla o margarina, ablandada

450 g / 1 lb / 2 tazas de azúcar morena suave

225 g / 8 oz / 2 tazas de avena

225 g / 8 oz / 2 tazas de harina común (para todo uso)

2,5 ml / ½ cucharadita de bicarbonato de sodio (bicarbonato de sodio)

Una pizca de sal

120 ml / 4 fl oz / ½ taza de leche

225 g / 8 oz / 2 tazas de dátiles deshuesados (sin hueso), finamente picados

250 ml / 8 fl oz / 1 taza de agua

Batir la mantequilla o la margarina y la mitad del azúcar hasta que esté suave y esponjosa. Mezcle los ingredientes secos y agregue a la mezcla de crema alternativamente con la leche hasta obtener una masa firme. Estirar sobre una tabla ligeramente enharinada y cortar en rodajas con un cortador de galletas. Coloque en una bandeja para hornear engrasada (para galletas) y hornee en un horno precalentado a 180 ° C / 350 ° F / marca de gas 4 durante 10 minutos hasta que esté dorado.

Coloque todos los ingredientes restantes en una sartén y deje hervir. Reduzca el fuego y cocine a fuego lento durante 20 minutos hasta que espese, revolviendo ocasionalmente. Dejar enfriar. Emparedar las galletas junto con el relleno.

Galletas digestivas (galletas Graham)

Rinde 24

175 g / 6 oz / 1½ tazas de harina integral (integral)

50 g / 2 oz / ½ taza de harina común (para todo uso)

50 g / 2 oz / ½ taza de avena mediana

2,5 ml / ½ cucharadita de sal

5 ml / 1 cucharadita de levadura en polvo

100 g / 4 oz / ½ taza de mantequilla o margarina

30 ml / 2 cucharadas de azúcar morena suave

60 ml / 4 cucharadas de leche

Mezcle las harinas, la avena, la sal y el polvo de hornear, luego frote la mantequilla o margarina y mezcle el azúcar. Agregue gradualmente la leche y mezcle hasta obtener una masa suave. Amasar bien hasta que ya no esté pegajoso. Estirar hasta 5 mm / ¼ de espesor y cortar en círculos de 5 cm / 2 con un cortador de galletas. Coloque en una bandeja para hornear engrasada (para galletas) y hornee en un horno precalentado a 180 ° C / 350 ° F / marca de gas 4 durante aproximadamente 15 minutos.

Galletas de Pascua

Hace 20

75 g / 3 oz / 1/3 taza de mantequilla o margarina, ablandada

100 g / 4 oz / ½ taza de azúcar en polvo (superfina)

1 yema de huevo

150 g / 6 oz / 1½ tazas de harina con levadura (levadura)

5 ml / 1 cucharadita de especias molidas mezcladas (tarta de manzana)

15 ml / 1 cucharada de cáscara mezclada (confitada) picada

50 g / 2 oz / 1/3 taza de grosellas

15 ml / 1 cucharada de leche

Azúcar en polvo (superfino) para espolvorear

Batir la mantequilla o margarina y el azúcar. Batir la yema de huevo, luego incorporar la harina y la mezcla de especias. Agregue la cáscara y las grosellas con suficiente leche para hacer una masa firme. Estirar hasta que tenga un grosor de aproximadamente 5 mm / ¼ de pulgada y cortar en círculos de 5 cm / 2 con un cortador de galletas. Coloque las galletas en una bandeja para hornear engrasada (para galletas) y pinche con un tenedor. Hornee en un horno precalentado a 180 ° C / 350 ° F / marca de gas 4 durante unos 20 minutos hasta que estén doradas. Espolvorea con azúcar.

Florentinos

Hace 40

100 g / 4 oz / ½ taza de mantequilla o margarina

100 g / 4 oz / ½ taza de azúcar en polvo (superfina)

15 ml / 1 cucharada de crema doble (espesa)

100 g / 4 oz / 1 taza de nueces mixtas picadas

75 g / 3 oz / ½ taza de pasas sultanas (pasas doradas)

50 g / 2 oz / ¼ taza de cerezas glaseadas (confitadas)

Derretir la mantequilla o margarina, el azúcar y la nata en una sartén a fuego lento. Retirar del fuego y agregar las nueces, las pasas sultanas y las cerezas glaseadas. Deje caer cucharaditas, bien separadas, sobre bandejas para hornear engrasadas (para galletas) forradas con papel de arroz. Hornee en un horno precalentado a 180 ° C / 350 ° F / marca de gas 4 durante 10 minutos. Deje enfriar en las hojas durante 5 minutos, luego transfiera a una rejilla para terminar de enfriar, recortando el exceso de papel de arroz.

Chocolate Florentinos

Hace 40

100 g / 4 oz / ½ taza de mantequilla o margarina

100 g / 4 oz / ½ taza de azúcar en polvo (superfina)

15 ml / 1 cucharada de crema doble (espesa)

100 g / 4 oz / 1 taza de nueces mixtas picadas

75 g / 3 oz / ½ taza de pasas sultanas (pasas doradas)

50 g / 2 oz / ¼ taza de cerezas glaseadas (confitadas)

100 g / 4 oz / 1 taza de chocolate natural (semidulce)

Derretir la mantequilla o margarina, el azúcar y la nata en una sartén a fuego lento. Retirar del fuego y agregar las nueces, las pasas sultanas y las cerezas glaseadas. Deje caer cucharaditas, bien separadas, sobre bandejas para hornear engrasadas (para galletas) forradas con papel de arroz. Hornee en un horno precalentado a 180 ° C / 350 ° F / marca de gas 4 durante 10 minutos. Deje enfriar en las hojas durante 5 minutos, luego transfiera a una rejilla para terminar de enfriar, recortando el exceso de papel de arroz.

Derrita el chocolate en un recipiente resistente al calor colocado sobre una cacerola con agua hirviendo a fuego lento. Esparcir por la parte superior de las galletas (cookies) y dejar enfriar y cuajar.

Florentinos de chocolate de lujo

Hace 40

100 g / 4 oz / ½ taza de mantequilla o margarina

100 g / 4 oz / ½ taza de azúcar morena suave

15 ml / 1 cucharada de crema doble (espesa)

50 g / 2 oz / ¼ taza de almendras picadas

50 g / 2 oz / ¼ taza de avellanas, picadas

75 g / 3 oz / ½ taza de pasas sultanas (pasas doradas)

50 g / 2 oz / ¼ taza de cerezas glaseadas (confitadas)

100 g / 4 oz / 1 taza de chocolate natural (semidulce)

50 g / 2 oz / ½ taza de chocolate blanco

Derretir la mantequilla o margarina, el azúcar y la nata en una sartén a fuego lento. Retirar del fuego y agregar las nueces, las pasas sultanas y las cerezas glaseadas. Deje caer cucharaditas, bien separadas, sobre bandejas para hornear engrasadas (para galletas) forradas con papel de arroz. Hornee en un horno precalentado a 180 ° C / 350 ° F / marca de gas 4 durante 10 minutos. Deje enfriar en las hojas durante 5 minutos, luego transfiera a una rejilla para terminar de enfriar, recortando el exceso de papel de arroz.

Derrita el chocolate simple en un recipiente resistente al calor colocado sobre una cacerola con agua hirviendo a fuego lento. Esparcir por la parte superior de las galletas (cookies) y dejar enfriar y cuajar. Derrita el chocolate blanco en un tazón limpio de la misma manera, luego rocíe líneas de chocolate blanco sobre las galletas en un patrón aleatorio.

Galletas Fudge Nut

Hace 30

75 g / 3 oz / 1/3 taza de mantequilla o margarina, ablandada

200 g / 7 oz / escasa 1 taza de azúcar en polvo (superfina)

1 huevo, ligeramente batido

100 g / 4 oz / ½ taza de requesón

5 ml / 1 cucharadita de esencia de vainilla (extracto)

150 g / 5 oz / 1¼ tazas de harina común (para todo uso)

25 g / 1 oz / ¼ taza de cacao en polvo (chocolate sin azúcar)

2,5 ml / ½ cucharadita de levadura en polvo

1,5 ml / ¼ cucharadita de bicarbonato de sodio (bicarbonato de sodio)

Una pizca de sal

25 g / 1 oz / ¼ taza de nueces mixtas picadas

25 g / 1 oz / 2 cucharadas de azúcar granulada

Batir la mantequilla o margarina y el azúcar en polvo hasta que esté suave y esponjoso. Mezcle gradualmente el huevo y el requesón. Agregue los ingredientes restantes, excepto el azúcar granulada, y mezcle hasta obtener una masa suave. Envuelva en film transparente (envoltura de plástico) y enfríe durante 1 hora.

Enrolle la masa en bolas del tamaño de una nuez e incorpore el azúcar granulada. Coloque las galletas (galletas) en una bandeja para hornear engrasada (para galletas) y hornee en un horno precalentado a 180 ° C / 350 ° F / marca de gas 4 durante 10 minutos.

Galletas Heladas Alemanas

Hace 12

50 g / 2 oz / ¼ taza de mantequilla o margarina

100 g / 4 oz / 1 taza de harina común (para todo uso)

25 g / 1 oz / 2 cucharadas de azúcar en polvo (superfina)

60 ml / 4 cucharadas de mermelada de moras (conservar)

100 g / 4 oz / 2/3 taza de azúcar glas (de repostería), tamizada

15 ml / 1 cucharada de jugo de limón

Frote la mantequilla en la harina hasta que la mezcla se parezca a pan rallado. Agregue el azúcar y presione hasta obtener una pasta. Estirar hasta 5 mm / ¼ de grosor y cortar en rodajas con un cortador de galletas (galleta). Coloque en una bandeja para hornear engrasada (para galletas) y hornee en un horno precalentado a 180 ° C / 350 ° F / marca de gas 6 durante 10 minutos hasta que esté frío. Dejar enfriar.

Sandwich de pares de galletas junto con la mermelada. Coloca el azúcar glass en un bol y haz un hueco en el centro. Mezcle gradualmente el jugo de limón para hacer un glaseado (glaseado). Rocíe las galletas y déjelas reposar.

Galletas de jengibre

Rinde 24

300 g / 10 oz / 1¼ tazas de mantequilla o margarina, ablandada

225 g / 8 oz / 1 taza de azúcar morena suave

75 g / 3 oz / ¼ taza de melaza negra (melaza)

1 huevo

250 g / 9 oz / 2¼ tazas de harina común (para todo uso)

10 ml / 2 cucharaditas de bicarbonato de sodio (bicarbonato de sodio)

2,5 ml / ½ cucharadita de sal

5 ml / 1 cucharadita de jengibre molido

5 ml / 1 cucharadita de clavo molido

5 ml / 1 cucharadita de canela molida

50 g / 2 oz / ¼ taza de azúcar granulada

Batir la mantequilla o margarina, el azúcar morena, la melaza y el huevo hasta que quede esponjoso. Mezcle la harina, el bicarbonato de sodio, la sal y las especias. Agregue la mezcla de mantequilla y mezcle hasta obtener una masa firme. Cubra y enfríe durante 1 hora.

Forme bolitas con la masa y enrolle el azúcar granulada. Coloque bien aparte en una bandeja para hornear engrasada (para galletas) y espolvoree con un poco de agua. Hornee en un horno precalentado a 190 ° C / 375 ° F / gas 5 durante 12 minutos hasta que esté dorado y crujiente.

Galletas de jengibre

Rinde 24

100 g / 4 oz / ½ taza de mantequilla o margarina

225 g / 8 oz / 2 tazas de harina con levadura (levadura)

5 ml / 1 cucharadita de bicarbonato de sodio (bicarbonato de sodio)

5 ml / 1 cucharadita de jengibre molido

100 g / 4 oz / ½ taza de azúcar en polvo (superfina)

45 ml / 3 cucharadas de jarabe dorado (maíz ligero), calentado

Frote la mantequilla o margarina en la harina, el bicarbonato de sodio y el jengibre. Agregue el azúcar, luego mezcle el almíbar y mezcle hasta obtener una masa firme. Enrolle en bolas del tamaño de una nuez, colóquelas bien separadas en una bandeja para hornear engrasada (para galletas) y presione ligeramente con un tenedor para aplanar. Hornee las galletas (galletas) en un horno precalentado a 190 ° C / 375 ° F / marca de gas 5 durante 10 minutos.

Los hombres de pan de jengibre

Rinde alrededor de 16

350 g / 12 oz / 3 tazas de harina con levadura

Una pizca de sal

10 ml / 2 cucharaditas de jengibre molido

100 g / 4 oz / 1/3 taza de jarabe dorado (maíz ligero)

75 g / 3 oz / 1/3 taza de mantequilla o margarina

25 g / 1 oz / 2 cucharadas de azúcar en polvo (superfina)

1 huevo, ligeramente batido

Unas grosellas (opcional)

Mezcle la harina, la sal y el jengibre. Derretir el almíbar, la mantequilla o la margarina y el azúcar en una sartén. Deje enfriar un poco, luego mezcle los ingredientes secos con el huevo y mezcle hasta obtener una masa firme. Estirar sobre una superficie ligeramente enharinada a 5 mm / ¼ de espesor y cortar con cortadores perfilados. El número que puede hacer dependerá del tamaño de sus cortadores. Coloque en una bandeja para hornear (para galletas) ligeramente engrasada y presione suavemente las grosellas en las galletas (galletas) para los ojos y los botones, si lo desea. Hornee en un horno precalentado a 180 ° C / 350 ° F / marca de gas 4 durante 15 minutos hasta que estén dorados y firmes al tacto.

Galletas Integrales De Jengibre

Rinde 24

200 g / 7 oz / 1¾ tazas de harina integral (integral)

10 ml / 2 cucharaditas de polvo de hornear

10 ml / 2 cucharaditas de jengibre molido

100 g / 4 oz / ½ taza de mantequilla o margarina

50 g / 2 oz / ¼ taza de azúcar morena suave

60 ml / 4 cucharadas de miel clara

Mezcle la harina, la levadura en polvo y el jengibre. Derrita la mantequilla o la margarina con el azúcar y la miel, luego revuélvala con los ingredientes secos y mezcle hasta obtener una masa firme. Estirar sobre una superficie enharinada y cortar en rodajas con un cortador de galletas. Coloque en una bandeja para hornear engrasada (para galletas) y hornee en un horno precalentado a 190 ° C / 375 ° F / marca de gas 5 durante 12 minutos hasta que esté dorado y crujiente.

Galletas de jengibre y arroz

Hace 12

225 g / 8 oz / 2 tazas de harina común (para todo uso)

2,5 ml / ½ cucharadita de macis molida

10 ml / 2 cucharaditas de jengibre molido

75 g / 3 oz / 1/3 taza de mantequilla o margarina

175 g / 6 oz / ¾ taza de azúcar en polvo (superfina)

1 huevo batido

5 ml / 1 cucharadita de jugo de limón

30 ml / 2 cucharadas de arroz molido

Mezcle la harina y las especias, frote la mantequilla o margarina hasta que la mezcla se asemeje al pan rallado, luego agregue el azúcar. Mezcle el huevo y el jugo de limón hasta obtener una masa firme y amase suavemente hasta que quede suave. Espolvoree una superficie de trabajo con el arroz molido y extienda la masa a 1 cm / ½ pulgada de espesor. Cortar en rodajas de 5 cm con un cortador de galletas. Colocar en una bandeja para hornear engrasada (para galletas) y hornear en un horno precalentado a 180 ° C / 350 ° F / marca de gas 4 durante 20 minutos hasta que esté firme al tacto.

Galletas Doradas

Rinde 36

75 g / 3 oz / 1/3 taza de mantequilla o margarina, ablandada

200 g / 7 oz / escasa 1 taza de azúcar en polvo (superfina)

2 huevos, ligeramente batidos

225 g / 8 oz / 2 tazas de harina común (para todo uso)

10 ml / 2 cucharaditas de polvo de hornear

5 ml / 1 cucharadita de nuez moscada rallada

Una pizca de sal

Huevo o leche para glasear

Azúcar en polvo (superfino) para espolvorear

Batir la mantequilla o margarina y el azúcar. Mezcle gradualmente los huevos, luego agregue la harina, el polvo de hornear, la nuez moscada y la sal y mezcle hasta obtener una masa suave. Tapar y dejar reposar 30 minutos.

Extienda la masa sobre una superficie ligeramente enharinada hasta que tenga un grosor de aproximadamente 5 mm / ¼ de pulgada y córtela en círculos con un cortador de galletas. Coloque en una bandeja para hornear engrasada (para galletas), unte con huevo batido o leche y espolvoree con azúcar. Hornee en un horno precalentado a 200 ° C / 400 ° F / marca de gas 6 durante 8 a 10 minutos hasta que estén doradas.

Galletas De Avellana

Rinde 24

100 g / 4 oz / ½ taza de mantequilla o margarina, ablandada

50 g / 2 oz / ¼ taza de azúcar en polvo (superfina)

100 g / 4 oz / 1 taza de harina común (para todo uso)

25 g / 1 oz / ¼ taza de avellanas molidas

Batir la mantequilla o margarina y el azúcar hasta que esté suave y esponjoso. Incorpora poco a poco la harina y las nueces hasta que tengas una masa firme. Enrolle en bolas pequeñas y colóquelas, bien separadas, en una bandeja para hornear engrasada (para galletas). Hornee las galletas (galletas) en un horno precalentado a 180 ° C / 350 ° F / marca de gas 4 durante 20 minutos.

Galletas Crujientes De Avellana

Hace 40

100 g / 4 oz / ½ taza de mantequilla o margarina, ablandada

100 g / 4 oz / ½ taza de azúcar en polvo (superfina)

1 huevo batido

5 ml / 1 cucharadita de esencia de vainilla (extracto)

175 g / 6 oz / 1½ tazas de harina común (para todo uso)

50 g / 2 oz / ½ taza de avellanas molidas

50 g / 2 oz / ½ taza de avellanas, picadas

Batir la mantequilla o margarina y el azúcar hasta que esté suave y esponjoso. Incorpora poco a poco el huevo y la esencia de vainilla, luego incorpora la harina, las avellanas molidas y las avellanas y amasa hasta obtener una masa. Enrolle en una bola, envuélvala en film transparente (envoltura de plástico) y enfríe durante 1 hora.

Estire la masa a 5 mm / ¼ de espesor y córtela en rodajas con un cortador de galletas. Colocar en una bandeja para hornear engrasada (para galletas) y hornear en un horno precalentado a 200 ° C / 400 ° F / marca de gas 6 durante 10 minutos hasta que estén doradas.

Galletas De Avellanas Y Almendras

Rinde 24

100 g / 4 oz / ½ taza de mantequilla o margarina, ablandada

75 g / 3 oz / ½ taza de azúcar glas (de repostería), tamizada

50 g / 2 oz / 1/3 taza de avellanas molidas

50 g / 2 oz / 1/3 taza de almendras molidas

100 g / 4 oz / 1 taza de harina común (para todo uso)

5 ml / 1 cucharadita de esencia de almendra (extracto)

Una pizca de sal

Batir la mantequilla o la margarina y el azúcar hasta que estén suaves y esponjosos. Mezcle los ingredientes restantes para hacer una masa firme. Enrolle en una bola, cubra con film transparente (envoltura de plástico) y enfríe durante 30 minutos.

Estire la masa hasta que tenga un grosor de aproximadamente 1 cm / ½ pulgada y córtela en rodajas con un cortador de galletas. Coloque en una bandeja para hornear engrasada (para galletas) y hornee en un horno precalentado a 180 ° C / 350 ° F / marca de gas 4 durante 15 minutos hasta que se doren.

Galletas de miel

Rinde 24

75 g / 3 oz / 1/3 taza de mantequilla o margarina

100 g / 4 oz / 1/3 taza de miel

225 g / 8 oz / 2 tazas de harina integral (integral)

5 ml / 1 cucharadita de levadura en polvo

Una pizca de sal

50 g / 2 oz / ¼ taza de azúcar moscabado

5 ml / 1 cucharadita de canela molida

1 huevo, ligeramente batido

Derrita la mantequilla o la margarina y la miel hasta que se mezclen. Remueva con los ingredientes restantes. Coloque cucharadas de la mezcla bien separadas en una bandeja para hornear engrasada (para galletas) y hornee en un horno precalentado a 180 ° C / 350 ° F / marca de gas 4 durante 15 minutos hasta que esté dorado. Deje enfriar durante 5 minutos antes de transferir a una rejilla para terminar de enfriar.

Ratafias de miel

Rinde 24

2 claras de huevo

100 g / 4 oz / 1 taza de almendras molidas

Unas gotas de esencia de almendra (extracto)

100 g / 4 oz / 1/3 taza de miel clara

Papel de arroz

Batir las claras de huevo a punto de nieve. Incorpora con cuidado las almendras, la esencia de almendras y la miel. Coloque cucharadas de la mezcla bien separadas en bandejas para hornear (para galletas) forradas con papel de arroz y hornee en un horno precalentado a 180 ° C / 350 ° F / marca de gas 4 durante 15 minutos hasta que estén doradas. Deje enfriar un poco, luego rasgue el papel para quitarlo.

Galletas de miel y suero de leche

Hace 12

50 g / 2 oz / ¼ taza de mantequilla o margarina

225 g / 8 oz / 2 tazas de harina con levadura (levadura)

175 ml / 6 fl oz / ¾ taza de suero de leche

45 ml / 3 cucharadas de miel clara

Frote la mantequilla o la margarina en la harina hasta que la mezcla se parezca a pan rallado. Agregue el suero de leche y la miel y mezcle hasta obtener una masa firme. Coloque en una superficie ligeramente enharinada y amase hasta que quede suave, luego extienda a 2 cm / ¾ de grosor y corte en 5 cm / 2 en redondo con un cortador de galletas. Coloque en una bandeja para hornear engrasada (para galletas) y hornee en un horno precalentado a 230 ° C / 450 ° F / marca de gas 8 durante 10 minutos hasta que se doren.

Galletas De Mantequilla De Limón

Hace 20

100 g / 4 oz / 1 taza de arroz molido

100 g / 4 oz / 1 taza de harina común (para todo uso)

75 g / 3 oz / 1/3 taza de azúcar en polvo (superfina)

Una pizca de sal

2,5 ml / ½ cucharadita de levadura en polvo

100 g / 4 oz / ½ taza de mantequilla o margarina

Corteza rallada de 1 limón

1 huevo batido

Mezcle el arroz molido, la harina, el azúcar, la sal y el polvo de hornear. Frote la mantequilla hasta que la mezcla se asemeje a pan rallado. Agregue la cáscara de limón y mezcle con suficiente huevo para formar una masa firme. Amasar suavemente, luego extender sobre una superficie enharinada y cortar en formas con un cortador de galletas. Coloque en una bandeja para hornear engrasada (para galletas) y hornee en un horno precalentado a 180 ° C / 350 ° F / marca de gas 4 durante 30 minutos. Deje enfriar un poco en la hoja, luego transfiera a una rejilla para enfriar por completo.

Galletas de limón

Rinde 24

100 g / 4 oz / ½ taza de mantequilla o margarina

100 g / 4 oz / ½ taza de azúcar en polvo (superfina)

1 huevo, ligeramente batido

225 g / 8 oz / 2 tazas de harina común (para todo uso)

5 ml / 1 cucharadita de levadura en polvo

Corteza rallada de ½ limón

5 ml / 1 cucharadita de jugo de limón

30 ml / 2 cucharadas de azúcar demerara

Derretir la mantequilla o margarina y el azúcar en polvo a fuego lento, revolviendo continuamente, hasta que la mezcla comience a espesarse. Retire del fuego y agregue el huevo, la harina, el polvo de hornear, la cáscara de limón y el jugo y mezcle hasta obtener una masa. Cubra y enfríe durante 30 minutos.

Forme bolas pequeñas con la masa y colóquelas en una bandeja para hornear engrasada (para galletas), presionando con un tenedor. Espolvorea con el azúcar demerara. Hornee en un horno precalentado a 180 ° C / 350 ° F / marca de gas 4 durante 15 minutos.

Momentos de fusión

Rinde 16

100 g / 4 oz / ½ taza de mantequilla o margarina, ablandada

75 g / 3 oz / 1/3 taza de azúcar en polvo (superfina)

1 huevo batido

150 g / 5 oz / 1¼ tazas de harina común (para todo uso)

10 ml / 2 cucharaditas de polvo de hornear

Una pizca de sal

8 cerezas glaseadas (confitadas), cortadas por la mitad

Batir la mantequilla o margarina y el azúcar hasta que esté suave y esponjoso. Poco a poco, bata el huevo, luego agregue la harina, el polvo de hornear y la sal. Amasar suavemente hasta obtener una masa suave. Forme la masa en 16 bolas de igual tamaño y colóquelas, bien separadas, en una bandeja para hornear engrasada (para galletas). Aplana ligeramente, luego cubre cada una con la mitad de una cereza. Hornee en un horno precalentado a 180 ° C / 350 ° F / marca de gas 4 durante 15 minutos. Deje enfriar en la hoja durante 5 minutos, luego transfiera a una rejilla para terminar de enfriar.

Galletas Muesli

Rinde 24

100 g / 4 oz / ½ taza de mantequilla o margarina

100 g / 4 oz / 1/3 taza de miel clara

75 g / 3 oz / 1/3 taza de azúcar morena suave

100 g / 4 oz / 1 taza de harina integral (integral)

100 g / 4 oz / 1 taza de copos de avena

50 g / 2 oz / 1/3 taza de pasas

50 g / 2 oz / 1/3 taza de pasas sultanas (pasas doradas)

50 g / 2 oz / 1/3 taza de dátiles deshuesados (deshuesados), picados

50 g / 2 oz / 1/3 taza de albaricoques secos listos para comer, picados

25 g / 1 oz / ¼ taza de nueces, picadas

25 g / 1 oz / ¼ taza de avellanas, picadas

Derretir la mantequilla o margarina con la miel y el azúcar. Agregue los ingredientes restantes y mezcle hasta obtener una masa firme. Coloque cucharaditas en una bandeja para hornear engrasada (para galletas) y presione hasta que quede plana. Hornee las galletas (galletas) en un horno precalentado a 180 ° C / 350 ° F / marca de gas 4 durante 20 minutos hasta que estén doradas.

Galletas de nueces

Rinde 24

350 g / 12 oz / 1½ tazas de mantequilla o margarina, ablandada

350 g / 12 oz / 1½ tazas de azúcar en polvo (superfina)

5 ml / 1 cucharadita de esencia de vainilla (extracto)

350 g / 12 oz / 3 tazas de harina común (para todo uso)

5 ml / 1 cucharadita de bicarbonato de sodio (bicarbonato de sodio)

100 g / 4 oz / 1 taza de nueces mixtas picadas

Batir la mantequilla o margarina y el azúcar hasta que esté suave y esponjoso. Agregue los ingredientes restantes y mezcle hasta que estén bien combinados. Forme dos rollos largos, cubra y enfríe durante 30 minutos hasta que esté firme.

Corte los rollos en rodajas de 5 mm / ¼ y colóquelos en una bandeja para hornear engrasada (para galletas). Hornee las galletas (galletas) en un horno precalentado a 180 ° C / 350 ° F / marca de gas 4 durante 10 minutos hasta que estén ligeramente doradas.

Galletas de nueces crujientes

Hace 30

100 g / 4 oz / ½ taza de azúcar morena suave

1 huevo batido

5 ml / 1 cucharadita de esencia de vainilla (extracto)

45 ml / 3 cucharadas de harina normal (para todo uso)

100 g / 4 oz / 1 taza de nueces mixtas picadas

Batir el azúcar con el huevo y la esencia de vainilla, luego incorporar la harina y las nueces. Coloque cucharadas pequeñas en una bandeja para hornear (para galletas) engrasada y enharinada y aplaste ligeramente con un tenedor. Hornee las galletas (galletas) en un horno precalentado a 190 ° C / 375 ° F / marca de gas 5 durante 10 minutos.

Galletas Crujientes De Canela Y Nueces

Rinde 24

100 g / 4 oz / ½ taza de mantequilla o margarina, ablandada

100 g / 4 oz / ½ taza de azúcar en polvo (superfina)

1 huevo, ligeramente batido

2,5 ml / ½ cucharadita de esencia de vainilla (extracto)

175 g / 6 oz / 1½ tazas de harina común (para todo uso)

2,5 ml / ½ cucharadita de canela molida

2,5 ml / ½ cucharadita de bicarbonato de sodio (bicarbonato de sodio)

100 g / 4 oz / 1 taza de nueces mixtas picadas

Batir la mantequilla o margarina y el azúcar. Incorpora poco a poco 60 ml / 4 cucharadas de huevo y la esencia de vainilla. Agrega la harina, la canela, el bicarbonato de sodio y la mitad de las nueces. Presione en un molde para panecillos suizo engrasado y forrado (molde para panecillos de gelatina). Cepille con el huevo restante y espolvoree con las nueces restantes y presione suavemente. Hornee las galletas (galletas) en un horno precalentado a 180 ° C / 350 ° F / marca de gas 4 durante 20 minutos hasta que estén doradas. Dejar enfriar en la lata antes de cortar en barras.

Dedos de avena

Rinde 24

200 g / 7 oz / 1¾ tazas de avena

75 g / 3 oz / ¾ taza de harina común (para todo uso)

5 ml / 1 cucharadita de levadura en polvo

50 g / 2 oz / ¼ taza de mantequilla o margarina, derretida

Agua hirviendo

Mezcle la avena, la harina y el polvo de hornear, luego agregue la mantequilla o margarina derretida y suficiente agua hirviendo para hacer una masa suave. Amasar en una superficie ligeramente enharinada hasta que esté firme, luego extender y cortar en dedos. Coloque en una bandeja para hornear engrasada (para galletas) y hornee en un horno precalentado a 190 ° C / 375 ° F / marca de gas 5 durante 10 minutos hasta que se doren.

Lightning Source UK Ltd.
Milton Keynes UK
UKHW020752110621
385337UK00009B/751